#BHNASRUAS

A revolução será filmada por você.

AUTORES

Adélia Oliveira
Augusta Deluca
Awa Maia
Bruna Martins
Camila Bahia Braga
Clara Novais
Dafne Braga
Gustavo Magalhães
Isabella Lucas
Luiza Alfenas
Marcos Antunes
Marina Moura
Patricia C. Freitas
Thaiane Bueno
Thaiz Maciel
Vitor Coutinho

EQUIPE BH NAS RUAS

Adélia Oliveira
Augusta Deluca
Awa Maia
Bruna Martins
Caio Paranhos
Camila Bahia Braga
Clara Novais
Dafne Braga
Gabriela Neves
Gustavo Magalhães
Isabella Lucas
Luiz Felipe Nunes
Luiza Alfenas
Marcos Antunes
Marina Moura
Patricia C. Freitas
Rafael Bersan
Rodrigo Andrade
Thaiane Bueno
Thais Choucair
Thaiz Maciel
Vitor Coutinho

ORGANIZADORES DO LIVRO

Carlos d'Andréa
Joana Ziller

#BHNASRUAS

A revolução será filmada por você.

1ª Edição

Editora
LETRAMENTO

Belo Horizonte • 2014

EDITORES
Gustavo Abreu e Cláudio V. C. Macedo

FICHA TÉCNICA

Produção Editorial
Editora Letramento

Projeto gráfico e diagramação
Bruno Marques Oliveira

Capa
Awa Maia

Revisão
Cláudio Lúcio Firmo da Silveira

Este livro foi editado respeitando as novas regras ortográficas.

323.233 B575 2014	BH nas ruas: a revolução será filmada por você / Adélia Oliveira... [et al.]. – Belo Horizonte: Editora Letramento, 2014. 92 p.; il. ISBN: 978-85-63035-46-1 1. Movimentos sociais. 2. Manifestações urbanas. 3. Mídia. 4. Manifestação política. I. Oliveira, Adélia. II. Deluca, Augusta. III. Maia, Awa. IV. Martins, Bruna. V. Braga, Camila Bahia. VI. Novais, Clara. VII. Braga, Dafne. VIII. Magalhães, Bruno. IX. Lucas, Isabella. X. Alfenas, Luiza. XI. Antunes, Marcos. XII. Moura, Marina. XIII. Freitas, Patrícia C.. XIV. Bueno, Thaiane. XV. Maciel, Thaiz. XVI. Coutinho, Vitor. XVII. Título.

Editora
LETRAMENTO
www.editoraletramento.com.br

Impressão e acabamento
Digital Page Gráfica e Editora L

Impresso no Brasil.
Printed in Brazil.

#AGRADECIMENTOS

Gostaríamos de agradecer a todos aqueles que tornaram possível não só a elaboração deste livro, mas o próprio sucesso da nossa página. Primeiramente, a toda a equipe do BH nas Ruas, inclusive aqueles que, pelos mais diversos motivos, precisaram se ausentar ao longo do caminho. Nós estivemos juntos em todos os momentos, dos mais difíceis aos mais gratificantes, e foi assim que conseguimos alcançar muito mais do que esperávamos a princípio. Agradecemos aos nossos professores, que nos instruíram e ajudaram de diversas maneiras, sempre respeitando nossa autonomia e decisões. Agradecemos em especial aos professores Carlos d'Andréa e Joana Ziller, sem os quais não teríamos tomado a iniciativa de escrever este livro. Para além da equipe, nosso trabalho não teria se desenvolvido tão bem sem a ajuda de todos os nossos correspondentes e colaboradores, tanto aqueles que conhecemos pessoalmente, quanto as dezenas de pessoas que tomaram a iniciativa de nos ajudar ao longo do último ano, enviando informações, imagens, vídeos, nos avisando sobre futuros eventos, entre outros. O BH nas Ruas é antes de tudo um trabalho de cobertura colaborativa, o que não seria possível sem vocês, colaboradores. Por último, agradecemos a todos aqueles que curtiram a página e não só acompanharam nosso trabalho, mas contribuíram com o crescimento e a construção do BH nas Ruas. Como ficará evidente no decorrer do livro, a forma como trabalhamos, bem como nosso posicionamento, sofreram grande influência não só das circunstâncias, mas também de vocês, leitores da página. Os diversos comentários e debates instaurados nas nossas postagens foram de vital importância para que nós mesmos pudéssemos ter uma visão melhor da situação e da forma como estávamos lidando com a mesma. Sem todos os mencionados, nada disso seria possível. Nossos sinceros agradecimentos.

Atenciosamente,

Os autores.

#SUMÁRIO

#Introdução - por Carlos d'Andréa e Joana Ziller

BH: mídia e movimentos nas ruas da cidade 09

#Capítulo1

Construindo uma identidade editorial, técnica e visual 21

#Capítulo2

Articulação web x rua 29

#Capítulo3

Cobertura em tempo real 35

#Capítulo4

Cobertura colaborativa 43

#Capítulo5

Linguagem 49

#Capítulo6

Interação com o público 57

#Capítulo7

Diálogos com a mídia tradicional 65

#Posfácio - por Geane Alzamora

Lições de jornalismo no outono brasileiro – uma reflexão sobre o #BHNASRUAS 72

#Introdução

BH: MÍDIA E MOVIMENTOS *NAS RUAS* DA CIDADE

Carlos d'Andréa e Joana Ziller

O fenômeno de comunicação "BH nas Ruas" tem relação intrínseca, mas não se sobrepõe à série de protestos que levou para as ruas de Belo Horizonte dezenas de milhares de pessoas em junho de 2013. Se a iminência dos protestos, como veremos nos capítulos que se seguem, estimulou a criação do projeto cujas publicações ganharam adesões aceleradamente, sendo seguidas por mais de 90 mil pessoas no Facebook, qual foi o contexto que antecedeu a saída coletiva às ruas?

Ainda que este livro se volte às atividades do "BH nas Ruas" – sua criação, crescimento, as dúvidas que levaram a uma constante discussão das práticas, seu estabelecimento como fonte para a imprensa local e nacional – é ao contexto que propicia esse fenômeno a que esta introdução inicialmente se volta. Como se desenvolveram os protestos em BH? Que outras manifestações sociais periódicas a cidade viveu recentemente? A que atores se relacionavam? E, no que tange à mídia, como um grupo de estudantes de Comunicação Social, a maioria com pouquíssima experiência no mercado de trabalho, pode se afirmar tão prontamente como fonte de informação para a população e os jornalistas?

Não há respostas prontas e acabadas para tais perguntas. Podemos, apenas, seguir algumas indicações que compartilhamos aqui. Esperamos que ajudem a entender o fenômeno "BH nas Ruas" – e outros que tomaram as ruas de BH recentemente.

Movimentos sociais e a cidade

Nos últimos anos, adquiriam fôlego, em Belo Horizonte, manifestações ligadas a movimentos sociais. Jesus (2012) aponta que se trata de um fenômeno global, uma vez que os *novos* movimentos sociais[1] se utilizam de mobilizações como marchas, caminhadas, paradas, procissões e desfiles para "construir espaços de intimidade e sociabilidade que demarcam semelhanças e diferenças" (JESUS, 2012, p. 164). Alguns exemplos de manifestações ligadas a novos movimentos sociais que ganharam as ruas de BH são a Parada do Orgulho LGBT e a Marcha das Vadias.

A história[2] da Parada do Orgulho LGBT em BH remete ao início dos anos 1960, com os primeiros grupos e casas noturnas voltadas aos homossexuais (MACHADO, 2007). Em 1998, a primeira Parada do Orgulho Homossexual de Belo Horizonte reuniu cerca de 50 participantes. O evento cresceu ano a ano e diversificou suas bandeiras, tendo buscado, em alguns momentos, relações com outros movimentos sociais. Machado (2007) lembra que, em 2007, por exemplo, o lema da Parada era "Por um Mundo sem Racismo, Machismo, Homofobia". Já em 2013, a remissão ao estado laico, vigente na Constituição, marcou a 16ª Parada do Orgulho LGBT de BH – menor do que as edições anteriores – reuniu 15 mil pessoas, de acordo com os organizadores[3].

---

1 Para uma caracterização dos novos movimentos sociais, ver Melucci (1989).

2 Sobre o tema, ver Machado (2007), que faz uma ampla retomada histórica da mobilização homossexual em Belo Horizonte.

3 Fonte: http://g1.globo.com/minas-gerais/noticia/2013/09/milhares-se-divertem-em-parada-gay-e-cobram-direitos-em -belo-horizonte.html

Bem mais recente, a Marcha das Vadias começou a percorrer as ruas da cidade em 2011, mesmo ano de seu *debute* mundial. As *slut walks* surgiram em Toronto, no Canadá, como reação à declaração de um representante da polícia local de que as mulheres, para evitar estupros, não deveriam se vestir como *sluts* – traduzido na marcha brasileira pelo termo vadias (HELENE, 2013). Vale destacar uma diferença entre as duas manifestações. Enquanto as marchas pelos direitos dos homossexuais têm origem nos EUA, em 1970, e começam a chegar ao Brasil em 1980 (JESUS, 2012), levando, no contexto ditatorial em que vivia o país, mais de uma década para se firmarem, as *slut walks* se disseminam rapidamente pela internet. Já em 2011, seu caráter viral é reafirmado pela realização de eventos semelhantes em 75 cidades pelo mundo[4]. Pode-se constatar, assim, uma forte marca da circulação digital em seu crescimento.

Outro protesto belorizontino marcado pela discussão e divulgação via internet é a Praia da Estação. De cunho local, a Praia surgiu como reação de parte dos moradores da cidade a um decreto promulgado pelo prefeito Márcio Lacerda, em dezembro de 2009, proibindo a realização de *eventos de qualquer natureza* na Praça da Estação[5]. Divulgada por e-mail, blog e conta no Twitter, a primeira Praia na Praça da Estação aconteceu em janeiro de 2010, reunindo cerca de 300 pessoas (ALBUQUERQUE, 2013). Desde então, sem uma periodicidade definida e em geral divulgada por meio de eventos no Facebook, a Praia da Estação aconteceu frequentemente e se firmou como evento de mobilização e ocupação do espaço público da cidade.

Uma vez que o decreto que deu origem à Praia da Estação foi revogado no começo de 2010, a manutenção dos eventos da Praia da Estação está ligada a demandas mais amplas, relacionadas, por exemplo, à ocupação dos espaços públicos de BH e a questões culturais (ALBUQUERQUE, 2013), se destacando por fazer política de forma lúdica e bem-humorada. A Praia da Estação também fomentou alguns blocos do Carnaval de rua da cidade, que ensaiavam nos eventos – como o Bloco da Praia, que desfila anualmente desde 2010.

---

4 Fonte: http://www.washingtonpost.com/opinions/slutwalks-and-the-future-of-feminism/2011/06/01/AGjB9LIH_story.html

5 Oficialmente denominada Praça Rui Barbosa.

Com crescimento muito recente e pouca articulação com o poder público, o Carnaval de BH tem nos blocos de rua gratuitos sua principal manifestação até 2014 e é marcado por marchinhas de cunho político[6]. Sua articulação apartada das instâncias oficiais de poder, divulgação via internet e perfil crítico frente à administração pública, além do caráter de ocupação da cidade, fazem com que o Carnaval comece a ser apontado como parte das mobilizações políticas em Belo Horizonte – ainda que, como a Praia da Estação e os protestos de junho de 2013, sejam diferentes dos movimentos sociais apontados anteriormente, especialmente pela ampla diversidade de bandeiras, destacada pela ausência de um mote central. Vale apontar ainda, tanto na Praia da Estação, quanto no Carnaval, um caráter festivo muitas vezes oposto ao dos eventos políticos mais tradicionais. Tal perfil, entretanto, ainda que muitas vezes não seja a tônica, também estão presentes na Parada do Orgulho LGBT e na Marcha das Vadias.

Os protestos das Jornadas de Junho, de que trataremos a seguir, alternaram momentos de descontração e outros de grande tensão, especialmente aqueles de embate com as forças policiais; por outro lado, têm em comum com os eventos citados um forte caráter viral em sua articulação (marcadamente feita por meios digitais), a ocupação dos espaços públicos da cidade e a diversidade de bandeiras.

Breve cronologia das ruas

Os protestos das Jornadas de Junho têm início em São Paulo. Nos dias 06 e 07 de junho, o Movimento Passe Livre convidou[7] moradores de SP a

6 Desde sua primeira edição, em 2012, o Concurso de Marchinhas Mestre Jonas é marcado pela crítica política. No ano de estreia, foram vencedoras "Na Coxinha da Madrasta", que criticava o presidente da Câmara Municipal de BH, Léo Burguês; "Marcha da Estação", sobre o prefeito Márcio Lacerda; e "La Plaza da Estación", referência à Praia da Estação. Em 2013, o concurso foi vencido por "Imagina na Copa" e a terceira colocada ("O Eco do Buraco") faz referência ao atraso nas obras do metrô na cidade. Neste ano, "O Baile do Pó Royal", relativa a uma apreensão de drogas em helicóptero da família do Senador mineiro Zezé Perrela; seguida por "Pula Catraca", sobre o transporte público em BH.

7 Postagens disponíveis em https://www.facebook.com/passelivresp e vídeo http://youtu.be/cqS2zCuTs7M

irem às ruas contra o anunciado aumento das passagens de ônibus, de R$ 3,00 para R$ 3,20, sob o lema *Se a Tarifa não Baixar, São Paulo vai Parar*. As manifestações reuniram uma quantidade de pessoas suficiente para fechar grandes avenidas de São Paulo, como a Av. Nove de Julho e a Av. 23 de Maio. Sem acordo com as instâncias governamentais, novas manifestações foram marcadas para os dias 11 e 13 de junho.

Ainda que já houvesse registros de abusos e violência policial circulando por mídias sociais[8] antes do dia 13 de junho, a divulgação de relatos sobre uma atuação desproporcional da Polícia Militar de São Paulo ganhou em escala nessa data, que ficou conhecida como a Revolta da Salada[9], tendo em vista que muitas pessoas foram detidas pela polícia apenas por carregarem vinagre[10].

A repercussão das manifestações em SP levou o governo de Minas Gerais a pedir na Justiça a proibição de eventos similares no Estado. Ainda em 13 de junho, o Tribunal de Justiça de Minas Gerais (TJMG) proibiu manifestações públicas nos 853 municípios do Estado durante a Copa das Confederações[11]. Mas a proibição judicial não impediu os protestos[12]. No sábado, 15 de junho, dia do início da Copa das Confederações, oito mil pessoas saíram às ruas de BH na primeira manifestação que, entre outras bandeiras, protestava contra o evento esportivo e buscava reafirmar o próprio direito de se manifestar.

A data também marca a ampliação de atos de protestos em todo o país. Se, desde seu começo, já havia outras demandas nas manifestações além do cancelamento do aumento da tarifa de ônibus, com o desenrolar do evento

---

8 Exemplos: http://youtu.be/A8pgjuF4xmA; https://www.youtube.com/watch?v=FpKsR8xwpTY

9 A página na Wikipedia que fazia referência à nomenclatura foi subsumida pelo verbete Protestos no Brasil em 2013, mas seu registro está em http://noticias.terra.com.br/brasil/cidades/apos-protestos-em-sp-revolta-da-salada-ganha-pagina-no-wikipedia,2a53f4609534f310VgnVCM10000098cceb0aRCRD.html

10 O vinagre também é utilizado para combater os efeitos do gás lacrimogênio. Vídeo mostra repórter da revista Carta Capital sendo detido apenas por portar uma garrafa de vinagre: http://www.cartacapital.com.br/tv/especiais/reporter-de-cartacapital-e-detido-por-portar-vinagre

11 http://noticias.uol.com.br/cotidiano/ultimas-noticias/2013/06/14/manifestacoes-estao-proibidas-nos-853-municipios-mineiros-durante-a-copa-das-confederacoes.htm

12 http://oglobo.globo.com/pais/cerca-de-8-mil-manifestantes-fecham-transito-descumprem-decisao-judicial-em-bh-8700194

da FIFA pautas muito diversas ganharam visibilidade nos atos – nos cartazes empunhados pelos manifestantes, há desde referencias à corrupção até demandas por qualidade na saúde e na educação, pela laicidade do estado, protestos contra o projeto de lei denominado estatuto do nascituro e o autoritarismo da FIFA, entre muitos outros[13].

No dia 17 de junho, estreia de Belo Horizonte como sede da Copa das Confederações, mais de 20 mil pessoas marcharam do centro através da Av. Antônio Carlos rumo ao Mineirão[14], como é conhecido o Estádio Governador Magalhães Pinto. A partir deste evento, nota-se nitidamente uma adesão popular que extrapola as causas defendidas pelos novos movimentos sociais mais atuantes na cidade, ainda que eles também tenham tomado parte nas manifestações, e traz à tona outras perspectivas, inclusive em função das posições políticas dos manifestantes.

No início da Av. Abraão Caram – limite da área de circulação restrita cedida à FIFA – se estabeleceu um conflito entre parte dos manifestantes e a Política Militar. Vários vídeos hospedados no site YouTube[15] mostram a surpresa dos participantes frente à violência da PM, que, acolhida no campus da Universidade Federal de Minas Gerais (UFMG) – que fica ao lado do estádio e do "Território FIFA" –, surpreendeu os manifestantes. No dia seguinte, cerca de quatro mil pessoas se reuniram no centro da cidade para seguir manifestando[16].

Em 19 de junho, o STF derrubou a liminar que proibia manifestações em Minas Gerais[17]. Protestos com alguns milhares de pessoas seguiram acon-

---

13 Álbuns de fotos dos cartazes: http://cartazesdosprotestos.tumblr.com/, http://esportes.terra.com.br/espanha/copa-das-manifestacoes-veja-os-melhores-cartazes-de-protesto-nos-estadios,d182e2cfb877f310VgnVCM3000009acceb0aRCRD.html, http://www.naosalvo.com.br/os-top-23-melhores-cartazes-das-manifestacoes-parte-2/, http://g1.globo.com/brasil/cartazes-das-manifestacoes/platb/

14 http://www.otempo.com.br/cidades/protesto-em-bh-tem-ades%C3%A3o-de-20-mil-pessoas-bombas-de-g%C3%A1s-balas-de-borracha-confrontos-e-feridos-1.665503

15 http://www.youtube.com/results?search_query=17+de+junho+bh&sm=3

16 http://noticias.uol.com.br/cotidiano/ultimas-noticias/2013/06/19/apos-manifestacao-pacifica-centro-de-bh-sofre-saques-e-vandalismo-por-2h30-sem-presenca-da-policia.htm

17 http://g1.globo.com/minas-gerais/noticia/2013/06/ministro-do-stf-derruba-proibicao-de-fechar-ruas- durante-protestos-em-mg.html

tecendo quase que diariamente, na região central da cidade. Os eventos ganhavam vulto nas datas de jogos da Copa das Confederações na cidade. Foi o caso do dia 22 de junho, quando mais de cem mil pessoas se reuniram[18] para cumprir o trajeto da Praça Sete de Setembro ao Mineirão.

Em 26 de junho, ocorre outro protesto de grandes proporções[19]. Em comum com os anteriores, o trajeto do centro da cidade ao Mineirão, onde as seleções do Brasil e do Uruguai disputavam uma das semifinais do campeonato, relatos de truculência policial e manifestantes feridos.

As manifestações continuaram pelo país por todo o mês de junho e, mesmo com o fim da Copa das Confederações, seguiram acontecendo em algumas cidades, caso dos protestos ocorridos em julho, no Rio de Janeiro, incentivados pelos gastos com a visita do Papa Francisco ao país, como parte da Jornada Mundial da Juventude e, no fim do ano, com a greve dos professores da rede estadual. Em Belo Horizonte, agosto começou com a ocupação da Câmara Municipal (CMBH), motivada por questionamentos sobre a definição das tarifas de ônibus. A ocupação durou oito dias e foi transmitida na íntegra por *midialivristas* - incluindo uma reunião com o prefeito Márcio Lacerda. Mesmo após a desocupação da CMBH, houve mobilizações em menor escala relacionadas à demanda por tarifa zero no transporte público e pela preservação de espaços comuns do centro da cidade (por exemplo, através do movimento A Ocupação[20]).

Cobertura jornalística: oscilações e restrições

As Jornadas de Junho pegaram a todos de surpresa - inclusive as redações (e a direção) dos veículos de imprensa. A dificuldade em compreender o que estava acontecendo é facilmente percebida quando identificamos algumas súbitas oscilações na condução das coberturas jornalísticas de diferentes veículos. A visada principal de grande parte das reportagens ainda durante os primeiros protestos organizados pelo Movimento Passe Livre em São Paulo

18 http://ultimosegundo.ig.com.br/brasil/mg/2013-06-22/bh-reune-100-mil-e-confronto-deixa-11-feridos.html

19 http://www.brasildefato.com.br/node/13330

20 https://www.facebook.com/AOcupacao

contra o aumento das passagens de ônibus foi de condenação da ocupação das ruas, da interrupção do trânsito e da ameaça à ordem pública. Com a adesão exponencial da população, seu espalhamento pelo país e uma diversificação das causas reclamadas, a "baderna"[21] passou a ser vista como um movimento popular legítimo, democrático e necessário frente aos problemas enfrentados pelo país. A escalada da violência policial e de ações de quebra-quebra, alguns dias depois, levou à construção de um discurso baseado na polarização entre os manifestantes "pacíficos" e uma "minoria de vândalos" – mote que perdura na cobertura dos protestos pós-Copa das Confederações.

Para além da dificuldade de interpretar o significado dos eventos em curso, não foi fácil a vida dos veículos e dos jornalistas durante as Jornadas de Junho. Pressionados, hostilizados, agredidos, muitos repórteres, fotógrafos e cinegrafistas vinculados a grupos tradicionais de mídia foram obrigados a esconder suas identificações profissionais para trabalhar em meio aos manifestantes. Carros de emissoras de TV foram incendiados, e a Rede Globo, em especial, teve que conviver com manifestações em frente às suas sedes em várias cidades, em um processo de pressão popular que obrigou a emissora vir a público para reafirmar o compromisso com seus princípios editoriais[22] (ZILLER, 2014). Ao mesmo tempo, helicópteros, *drones* e a proteção atrás de barreiras policiais foram recursos utilizados por veículos jornalísticos em busca de uma visão mais distanciada – e segura – dos acontecimentos.

Em Belo Horizonte, o cenário não foi diferente. Na noite do dia 22 de junho – data da maior manifestação popular na cidade e de um intenso conflito entre manifestantes e PM nos limites do "Território FIFA" –, uma suposta ameaça de "ataque de vândalos" alardeada pela Polícia Militar fez com que jornalistas de alguns veículos de BH (como o jornal Hoje em Dia) fossem obrigados a deixar a redação às pressas. No mesmo dia, jornalistas que trabalhavam no Mineirão foram impedidos de registrar um breve protesto feito dentro do estádio durante o jogo entre Japão e Nigéria[23].

---

21 Termo popularizado pelo apresentador José Luis Datena durante enquete ao vivo do programa Brasil Urgente (Band) no dia 13 de junho. Vídeo disponível em http://youtu.be/eoPzlvxzTtM

22 Uma nota editorial foi lida por Patrícia Poeta no Jornal Nacional do dia 17 de junho.

23 http://www.otempo.com.br/cmlink/hotsites/copa-das-confedera%C3%A7%C3%B5es/protesto-causa-tens%C3%A3o-entre-seguran%C3%A7as-da-fifa-e-jornalistas-no-mineir%C3%A3o-1.668952

A despeito da dificuldade generalizada de leitura do oscilante cenário político de então, muitas críticas podem (e devem) ser feitas à cobertura feita pelos veículos (portais jornalísticos e emissoras de rádio e TV, em especial), como a necessidade permanente de apontar as vítimas e os culpados, o certo e o errado, o bem e o mal. Também foi alvo de críticas um alinhamento quase inabalável de alguns veículos às posições oficiais sobre os confrontos ocorridos durante os protestos, ainda que outras perspectivas circulassem amplamente pela internet[24].

A questão central, porém, era outra, mais grave. As manifestações escancararam a incapacidade de um modelo de jornalismo baseado na lógica "poucos falam para muitos" de dar conta da complexidade, da intensidade e da velocidade de um acontecimento dessa magnitude. A indignação, os debates e as manifestações públicas que se efetivam nas interfaces entre as redes digitais e o espaço urbano funcionam na lógica das redes e não da transmissão massiva e centrada do jornalismo convencional.

Com as redações jornalísticas cada vez mais enxutas - acúmulo de funções e esvaziamento das interlocuções internas é a praxe atualmente - e com uma ausência gritante de qualificação técnica e conceitual para atuar em sincronia com essa nova lógica comunicacional, dar conta de um acontecimento dessa magnitude se mostrou uma missão impossível para a maioria dos veículos tradicionais de imprensa.

Enfim, BH nas Ruas

Foi neste "vácuo" que surgiu e, em poucos dias, se constituiu o projeto "BH nas Ruas". A equipe do projeto rapidamente entendeu - e talvez no calor das manifestações não tivesse ciência disso - que um acontecimento como as Jornadas de Junho esse não se dá exclusivamente nas ruas, tampouco na internet, mas sim em um intercruzamento delicado entre esses dois ambientes, cabendo ao jornalismo não apenas estar presente no digital

24 Sobre o privilégio dado à perspectiva governamental em detrimento de outros pontos de vista, é emblemático o destaque dado por muitos veículos de impressa a dois vídeos veiculados no canal do "Governo de MG" no YouTube (http://youtu.be/kUhiYS3gbEw) sobre o início dos confrontos entre PM e manifestantes no dia 22 de junho.

e no urbano, mas, acima de tudo, atuar na articulação entre eles. Não adianta noticiar as redes, é preciso ser parte ativa e relevante delas.

Parece-nos leviano chamar de "espontâneo" um projeto que, ainda que improvisado e despretensioso, surgiu do trabalho de um grupo de estudantes de Comunicação já minimamente familiarizados com práticas e dilemas do jornalismo. Ainda que para alguns soe problemático, foram o frescor, a insegurança, a autocrítica e a vitalidade de universitários que tornaram possível uma iniciativa que tanto contrasta com a arrogante estagnação do jornalismo convencional. Conduzido à revelia de entraves institucionais que possivelmente inviabilizariam o projeto, o "BH nas Ruas" inovou, surpreendeu e conquistou seu espaço por muitos motivos, entre os quais destacamos:

- *A capacidade de mobilização e relacionamento com um grupo bastante heterogêneo de correspondentes;*
- *O desenvolvimento de rotinas editoriais que coletivizaram a produção jornalística e as decisões tomadas na pressão da publicação "em tempo real";*
- *A sensibilidade de leitura da situação política de cada fase das Jornadas em buscar caminhos alternativos às abordagens precipitadas e maniqueístas;*
- *A conciliação difícil – e sempre passível de falhas – entre uma cobertura em tempo real e o cuidado de checar informações;*
- *A capacidade de ouvir a diversidade de demandas de seus interlocutores (sem necessariamente satisfazê-los);*
- *Acima de tudo, o projeto inovou por conseguir ter autocrítica, se reinventar a cada dia e superar visões cristalizadas de uma conjuntura complexa e escorregadia.*

Tudo isso foi feito à base de muito sacrifício pessoal. Noites e noites mal dormidas, compromissos acadêmicos e profissionais que se acumularam, pressões políticas cada vez mais frequentes e o pouco dinheiro ganho nos estágios sendo usado nos gastos inevitáveis de qualquer projeto. O resultado foi surpreendente, a começar pelo crescimento exponencial do número de seguidores no Twitter e, em especial, na página do Facebook (pico de 95 mil curtidas).

Para além desses números, chama à atenção a centralidade ocupada pelo BH nas Ruas nas redes de disseminação de informações e de conversações em torno do tema. A imagem abaixo, por exemplo, mostra rede de *retweets* articulados em torno da *hashtag* #protestobh entre os dias 15 de junho e 17 de outubro de 2013[25]. O perfil do BH nas Ruas no Twitter (@bhnasruas) é representado pelo círculo maior e mais escuro localizado no centro da rede, o que sinaliza seu papel central de disseminador de informações locais nessa rede social *online*.

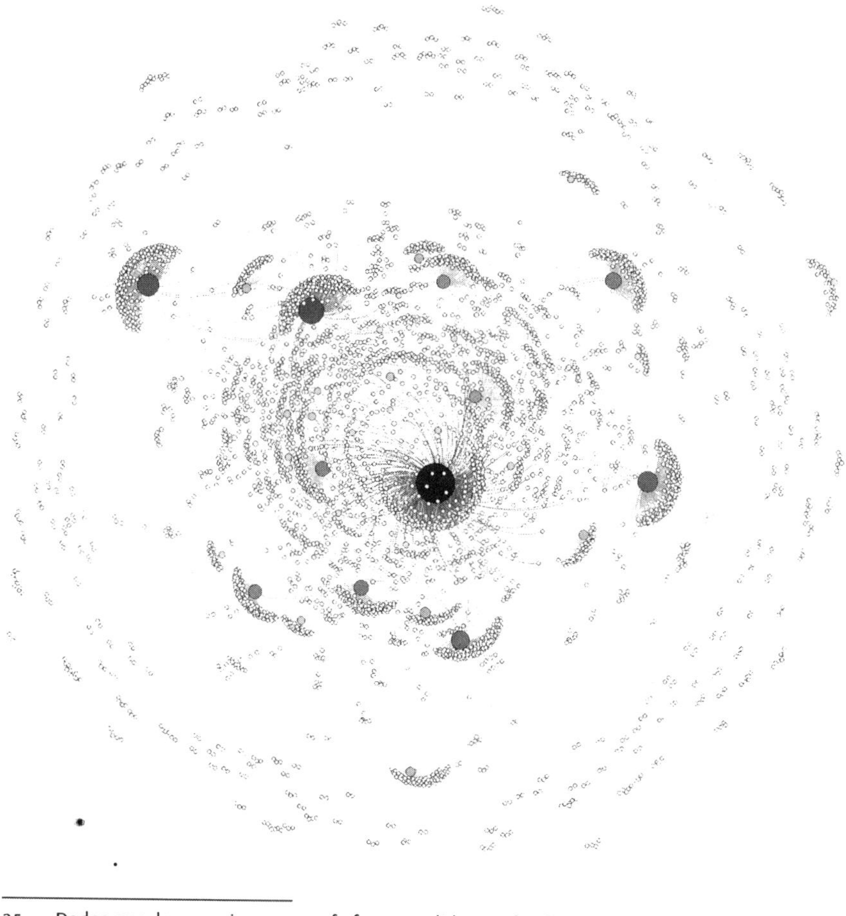

25 Dados que deram origem ao grafo foram cedidos prof. Fabio Malini, do Labic/UFES, a quem os autores agradecem.

Ainda que ninguém soubesse exatamente o que estava por trás do projeto, rapidamente ele se tornou referência para a imprensa tradicional, que passou a procurar o "BH nas Ruas" para checar informações, revelando uma sintomática inversão nas relações entre instituições constituídas há décadas e um projeto recém-fundado.

Nada disso, no entanto, é capaz de garantir o futuro do "BH nas Ruas". Assim como as manifestações populares contemporâneas, que se reconfiguram rapidamente à luz dos cenários por vir, o projeto – que nunca contou com qualquer apoio financeiro externo – pode emergir a qualquer instante. Neste momento, está hibernado. Ou, a depender de quando você estiver nos lendo, não mais.

Assim funcionam as redes.

Boa leitura!

Carlos d'Andréa *e* Joana Ziller *são professores do Programa de Pós-Graduação em Comunicação (PPGCOM) da Universidade Federal de Minas Gerais.*

#CAPÍTULO 1

CONSTRUINDO UMA IDENTIDADE EDITORIAL, TÉCNICA E VISUAL

#BHNASRUAS

Créditos: LFC

"O que você está vendo?"

Essa foi a pergunta que guiou grande parte da cobertura do BH nas Ruas durante as manifestações de junho, bem como todo o trabalho posterior da página. A sua importância se deve ao fato de que ela diferenciava nossa abordagem da cobertura midiática tradicional e das informações difusas compartilhadas por manifestantes através das redes sociais.

Os protestos ocorridos aos 13 de junho de 2013, em São Paulo, chocaram o Brasil e mundo, devido à enorme violência e repressão policial. Ao longo da noite, diversas imagens, vídeos e relatos foram propagados pelas redes sociais, gerando uma onda de indignação e revolta. Em questão de horas, diversos atos foram organizados por todo o país, em resposta à violência policial testemunhada em São Paulo. Esses eventos demonstraram não apenas a revolta e a sede por mudanças de uma juventude, mas deixaram clara a existência de uma arena discursiva em disputa, com dois polos principais: o discurso midiático tradicional e os testemunhos que circulavam nas redes sociais.

O primeiro protesto em Belo Horizonte aconteceu no sábado, dia 15 de junho. Mas foi no domingo, dia 16, que ocorreu o fato que daria o empurrão final para a criação do BH nas Ruas. Durante protestos no Rio de Janeiro, que foram duramente reprimidos pela Polícia Militar, a Rádio Band News retirou do ar sua programação, no momento em que um repórter criticava a repressão que ocorria. Numa conversa por Facebook, ocorrida no grupo do curso de Comunicação Social da UFMG, discutíamos sobre a cobertura midiática dos protestos e o efeito que as informações que circulavam na *web* tinham sobre a construção da narrativa sobre as manifestações. Como muitos de nós pretendíamos comparecer às manifestações que aconteceriam na próxima semana, e produziríamos textos, fotos, vídeos e outros materiais relatando a experiência, surgiu a ideia de reunir todo esse material, fazer uma seleção, e utilizá-lo para criar uma cobertura objetiva e com caráter testemunhal.

Depois de divulgada, a proposta gerou um grande número de interessados. Restava, então, entre outros, decidir em qual plataforma reuniríamos tal conteúdo. A primeira sugestão foi a página de Facebook do Centro Acadêmico do curso. No entanto, decidimos por criar uma página independente, naquela mesma noite de domingo, para que ela pudesse ser utilizada já na manifestação do dia seguinte. Em uma rápida discussão, optamos por chamar a página de BH nas Ruas, um nome que se relacionava com a nossa intenção: mostrar o que viríamos nas ruas.

Inicialmente, o material era enviado por estudantes do curso de Comunicação e amigos que participavam ativamente das manifestações. Com o crescimento da página, passamos a estabelecer um forte canal de colaboração com todos os nossos leitores. Nesses casos, as informações recebidas eram checadas pelos contatos que estavam nas ruas e só o que era confirmado por um colaborador adjunto – de nossa rede de confiança – era postado na página.[26]

---

26 Nosso foco inicial era repassar os relatos que mais se aproximassem da experiência vivenciada no ambiente das manifestações, sem expressarmos nossas opiniões individuais, uma vez que num grupo relativamente grande e diverso como o nosso, os posicionamentos poderiam divergir. Como será aprofundado posteriormente, a equipe foi montada, desde o começo, por aqueles interessados em colaborar, seja indo para as ruas fazer a cobertura, recebendo os materiais do público ou postando as notícias na página. Em meio à faculdade e estágios, cada um ajudava quando possível, da forma que pudesse e, assim, todos se revezavam para administrar a página.

Antes, porém, de publicarmos qualquer conteúdo, antes mesmo de a página ser efetivamente lançada, foi necessário decidir qual seria a aparência do BH Nas Ruas; como nós seríamos apresentados e, posteriormente, identificados pelo nosso público. Como mencionado, poucas horas se passaram entre o surgimento da ideia de criar a página BH nas Ruas até sua efetivação. Sendo assim, a identidade visual teve que ser construída em um curto período de tempo. Quando o grupo inicial de colaboradores surgiu no Facebook e as ideias estavam sendo discutidas, julgamos necessário criar uma identidade visual que reforçasse a proposta e o objetivo do BH nas Ruas. A ideia inicial para o logotipo era usar elementos relacionados à fotografia. Víamos a fotografia e a câmera em si como símbolos dos protestos que aconteciam, que tinham como marca os registros, ora belos, ora chocantes, filmados e fotografados pelo público de dentro das manifestações. Também queríamos reforçar nossa imagem como um veículo colaborativo, que funcionaria com a ajuda do público.

A tipografia utilizada deveria remeter à linguagem da internet: uma tipografia grossa, em caixa alta, angular e de fácil visualização. Ao mesmo tempo, não queríamos usar tipografias de uso comum no meio virtual, por já estarem visualmente desgastadas. Após alguns testes, a fonte escolhida foi a Muro, de 2013, desenvolvida pelo *designer* Joan Alegret e de uso livre. Optamos pelo uso do nome BH nas Ruas na forma de *hashtag*, para reforçar o conceito de jornalismo colaborativo, além de incentivar que as pessoas utilizassem o termo #BHNASRUAS como um agregador de conteúdo, de forma que a informação relacionada ao conteúdo da página pudesse ser identificada. Esta ferramenta foi de grande importância na propagação do conteúdo, sendo utilizada inclusive por outros veículos de comunicação tradicionais, quando os mesmos faziam menção à página.[27]

Após algumas tentativas, a versão escolhida foi uma cujo símbolo gráfico era o ícone de uma câmera sobre uma forma de apoio circular. O ícone da câmera tem forma retangular, com uma lente no meio. A ideia era que a combinação do ícone e sua forma de apoio, juntos, remetessem ao símbolo gráfico da Rede Globo de Televisão, a maior emissora de TV do país, que

27 Capítulo 7.

foi muito criticada durante todos os protestos por cobrir os acontecimentos de maneira insatisfatória. Tomamos como premissa que o que era relatado na televisão não refletia o que as pessoas viam nas ruas. Assim, decidimos explorar essa associação, desconstruindo o logotipo ligado a um discurso midiático que, para nós, não representa a diversidade das vozes presentes nas manifestações, e reconstruindo-o para deixar clara a crítica ao jornalismo tradicional e a proposta de um jornalismo mais democrático. A marca da emissora mostra um globo, com uma tela em seu interior e, dentro dela, outro globo. No símbolo do BH nas Ruas, a tela interior é substituída por uma câmera, demonstrando visualmente a ideia do nosso slogan: "A revolução será filmada por você". Devido a essa semelhança, inúmeras vezes fomos criticados e acusados de estarmos associados à emissora e outras empresas. Recebemos diversos pedidos para trocarmos o nosso logotipo. Ao mesmo tempo, fomos elogiados por diversas pessoas, incluindo profissionais da área, o que nos fez sentir mais seguros quanto à decisão de manter a imagem.

Percebemos, no entanto, que a maioria das pessoas que solicitava a troca do logo não havia entendido o motivo da nossa escolha. Alguns nos informavam sobre a semelhança com a da rede de TV, como se ela fosse mera coincidência e não tivesse sido notada por nós. Sendo assim, decidimos explicar o significado da imagem e a semelhança proposital com o símbolo da emissora. Tal explicação foi dada através de uma aba no Facebook, onde respondemos às questões sobre quem éramos, sobre nosso *logo* e nosso posicionamento. A maioria compreendeu os nossos motivos e parou de pedir pela troca da identidade visual, inclusive nos defendendo quando os poucos que continuaram a discordar reclamavam. Resolvemos mantê-lo por acreditarmos em sua força simbólica e por notarmos que, aos poucos, nossa escolha foi compreendida pelos leitores. Não demorou muito para que as críticas em relação ao nosso logotipo se tornassem raras.

#BHNASRUAS

Após a construção de uma versão em preto e branco, tentamos adicionar cores ao *logo*. A primeira tentativa foi a de usar a cor azul escura, que além de passar a ideia de seriedade e compromisso, também é utilizada por vários veículos jornalísticos respeitados. Porém, percebemos que o público poderia associar a página a partidos políticos, o que de maneira alguma era nossa intenção. Logo, a cor azul foi descartada. Em seguida, realizamos testes com outras tonalidades, mas percebemos que sempre haveria alguma cor que poderia confundir o público. Por isso, optamos por permanecer com as cores preta e branca, para manter uma neutralidade. A partir de então, resolvemos fazer do preto e branco um elemento marcante e fundamental de nossa identidade visual. Todas as nossas peças gráficas deveriam seguir essa linha, assim como o uso do logotipo, que não poderia ser aplicado em nenhuma outra cor que não essas.

#BHNASRUAS

A revolução será filmada por você.

#BHNASRUAS

#BHNASRUAS

Graças ao esforço e à agilidade da equipe que se comprometeu com a criação da página, em uma noite o projeto inicial estava completo. Já no primeiro dia de cobertura, 17 de junho de 2013, a página cresceu de forma inesperada, ultrapassando 30 mil curtidas no Facebook e dando início a uma forte relação de credibilidade com os leitores. As pessoas passaram a utilizá-la como um importante canal para receber e enviar conteúdo sobre as manifestações de Belo Horizonte. Inclusive canais midiáticos conhecidos, tais como o Twitter da rádio 98FM (@98fm), vieram até nós a fim de confirmar determinadas informações referentes às manifestações.

A página também teve um grande poder de mobilização – mais alto no auge dos protestos –, prestação de serviços e conscientização. Essa responsabilidade, gerada com o crescimento da página, nos levou a discussões mais profundas acerca da linha editorial que iríamos seguir. Precisávamos ponderar o uso de termos, escolher entre nos posicionar ou seguir numa cobertura meramente informativa, em que grau seria nossa interação com o público da página, entre uma série de outros fatores. Além disso, mesmo com o aumento da confiança na página, muitas vezes a credibilidade era questionada quando tomávamos uma posição, ou quando reportávamos algo que não estava de acordo com as opiniões da maioria dos leitores. Assim, começou a ser cobrada dos administradores uma posição oficial da página em relação aos acontecimentos. Todas essas questões foram fundamentais na construção da página e no entendimento de qual era o nosso papel em meio a tudo o que estava acontecendo e serão abordadas com mais profundidade ao decorrer do livro.

A foto de perfil da página, que continha o logotipo, recebeu comentários com críticas.

#Capítulo 2

ARTICULAÇÃO WEB X RUA

#BHNASRUA

Estabelecida a ideia de iniciar uma cobertura colaborativa que fosse conduzida por nós, estudantes de Comunicação Social, nosso primeiro passo foi pensar alguns procedimentos operacionais para o funcionamento da página no Facebook e do perfil no Twitter. Sabíamos que tínhamos em nossas mãos ferramentas que nos permitiriam gerar e administrar todo o conteúdo da cobertura diretamente do local dos acontecimentos. No entanto, nosso intuito de gerenciar e centralizar conteúdos nos levou a não realizar as postagens diretamente dos *smartphones* de nossos correspondentes na rua, pois entendíamos que o calor do momento poderia prejudicar a apuração e o texto final a ser postado. Por esse motivo, percebemos a necessidade de que houvesse uma equipe que funcionasse como uma espécie de redação, coletando todas as informações que chegavam até nós por meio de nossos correspondentes de rua e de nossos leitores, além de compilar e analisar rumores que circulavam pela rede. Essa lógica de um trabalho construído coletivamente entre correspondentes, responsáveis por enviar e confirmar informações, e editores, que ficavam em casa produzindo textos e publicando nas redes sociais, funcionou desde a primeira cobertura da página, no dia 17 de junho de 2013.

Dentro da equipe que fazia a cobertura de rua para a página, existiam basicamente dois grupos: **correspondentes** e **colaboradores adjuntos**. Os correspondentes eram os agentes de rua que faziam parte da equipe regular da página, participando das reuniões, das tomadas de decisões editoriais e também da cobertura remota (feita de casa). Já os colaboradores adjuntos eram conhecidos de membros da equipe, pessoas em quem confiávamos e que colaboravam com o BH nas Ruas reportando informações, confirmando dúvidas e gerando conteúdo audiovisual, mas que não integravam a equipe, por exemplo, por não ter disponibilidade de tempo para discutir questões administrativas da página. Dessa forma, tentávamos dar informações precisas a partir de uma visão geral do que ocorria em vários pontos dos protestos. Era importante pensar que, especialmente em grandes manifestações como as que presenciamos, ocorrem diferentes ações em pontos distintos da cidade. Portanto, tínhamos em mente que, caso existisse apenas um correspondente mandando informações de determinado local, não passaríamos uma visão ampla dos acontecimentos para os nossos leitores. Este fato ficou muito claro para nós no protesto do dia 22 de junho, no qual, segundo a Polícia Militar, cerca de 125 mil pessoas[28] participaram da marcha que se estendeu do Viaduto da Lagoinha até a Universidade Estadual de Minas Gerais[29]. Enquanto parte dos manifestantes estava em confronto com a Polícia Militar perto da Av. Abrahão Caram, o restante se encontrava fora da zona de conflito. Dessa forma, junto com nossos colaboradores de rua, tentávamos nos espalhar por toda a extensão das manifestações.

A apuração era feita por meio de contato com nossos correspondentes ou por meio de ligações para órgãos oficiais. Os colaboradores adjuntos também contribuíam nessa apuração, uma vez que se tratava de pessoas de confiança dos membros da equipe e que, muitas vezes, estavam em pontos das manifestações nos quais não tínhamos correspondentes. Além de contribuir com informações, fotos e vídeos, esses colaboradores foram

---

28 Diversos veículos publicaram dados diferentes sobre esse mesmo evento. O número informado aqui foi o publicado pela página.

29 Aproximadamente 7,5 km.

importantes principalmente em situações em que não conseguíamos contactar as pessoas da equipe, seja por perda de sinal do celular ou por indisponibilidade, devido a momentos de confronto com a polícia. Também fazíamos rondas na internet e nas mídias tradicionais, visando buscar informações que não haviam sido presenciadas por nossos informantes.

Com o surpreendente crescimento do BH nas Ruas após a manifestação do dia 17 junho, palco do primeiro conflito entre manifestantes e oficiais em Belo Horizonte, percebemos que era necessário um novo planejamento em relação a nossa organização de cobertura dos protestos. Acreditávamos que outros movimentos aconteceriam e que a tendência era que o número de informações relevantes aumentasse em grande escala. Com isso em mente, para conseguirmos nos organizar em relação ao fluxo de informações e garantirmos o contato direto entre os membros da equipe, fazíamos o uso de recursos distintos, tais como uma planilha no Google Drive[30], um grupo no Whatsapp[31], uma conversa coletiva no bate-papo do Facebook, *Hangouts*[32], uma pasta no Dropbox[33], e ligações telefônicas.

Utilizávamos essas diversas plataformas visando também certa proteção ante a possibilidade de perdermos contato entre quem estava em casa e quem se encontrava na rua. Uma articulação eficaz era imprescindível para o funcionamento da página e, além dos já citados, procurávamos utilizar os mais variados aparatos disponíveis para manter nosso fluxo de informação.

A planilha visava principalmente à organização de nossas funções e do revezamento entre quem estaria na rua e quem permaneceria em casa, aumentando, assim, nosso controle sobre como seria a cobertura dos eventos. Como mostrado na imagem, ela era composta por todas as funções que a cobertura exigia, tais como apuração de informações, produção de textos, postagem de conteúdo nas redes sociais, respostas às mensagens enviadas para a página e para o e-mail, compilação de conteúdos recebidos e escala dos membros que iriam para as ruas e dos que ficariam em casa. A

30 Recurso gratuito oferecido pela Google.

31 Aplicativo de celular que permite enviar mensagens instantâneas, fotos e vídeos, gratuitamente.

32 Ferramenta do Google para videoconferências.

33 Serviço de armazenamento em *nuvem*, muito útil para garantir o acesso de várias pessoas ao mesmo tempo.

planilha continha ainda o contato dos membros mais ativos do grupo, além do telefone de alguns correspondentes e outros telefones úteis, tais como advogados voluntários e o número da Secretaria de Saúde de Minas Gerais.

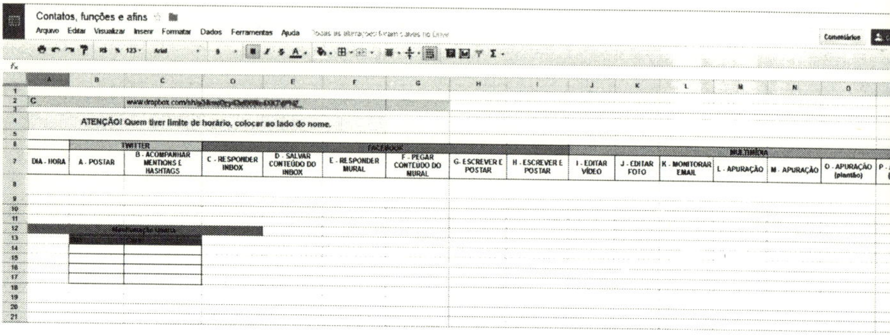

Planilha usada para organizar as funções e o revezamento entre as equipes de rua e de casa.

É importante lembrar que a maior preocupação em relação à tabela era que ela fosse completada no dia anterior ao protesto, para que pudéssemos garantir que todas as áreas estariam preenchidas para a cobertura do dia seguinte. Organizávamo-nos para distribuir as funções dos membros da equipe de acordo com o número de pessoas disponíveis para cada dia de manifestação. Era fundamental equilibrar a quantidade de pessoas na rua e em casa. No entanto, na instantaneidade dos fatos e a fim de sanar as demandas que exigiam maior atenção em certos momentos, ocorria um remanejamento de funções.

O *Hangout* foi um suporte muito utilizado, no momento das manifestações, pela equipe que permanecia em casa, de modo a agilizar o tempo de apuração e selecionar as informações que deveriam receber maior atenção. Muitas vezes, nos ápices das manifestações, fazíamos correções, adaptações e finalizávamos o texto por meio desta conversa. As informações vinham de todas as partes, mas os textos só eram redigidos pelos administradores da página e publicados após a apuração do acontecimento em questão. Além da troca de informações, a pluralidade de formas de contato era de suma importância para estarmos cientes do que acontecia com todos os membros, uma vez que nem sempre a internet funcionava nas ruas e que nos preocupávamos com a segurança dos correspondentes.

Em duas ocasiões específicas, essa preocupação se intensificou. O primeiro caso aconteceu no dia 22 de junho, dia de jogo entre Japão e México pela Copa das Confederações, no estádio Governador Magalhães Pinto, mais conhecido como Mineirão. Uma correspondente, que possuía ingressos para a partida, mas não tinha a intenção de assisti-la, enviou fotos de trás do bloqueio formado pela Polícia Militar, posicionado em frente ao estádio. Ela nos informou que havia sido abordada mais de uma vez por oficiais da polícia, posto que estava fotografando e não se encaminhava para o jogo. Em seguida, perdemos contato, e seu celular estava aparentemente desligado. Não havia mais ninguém conhecido na região para se informar sobre o que poderia ter acontecido, e ela só reapareceu no início da noite, informando que estava tudo bem e que a bateria do celular havia descarregado.

Em outra ocasião, no decorrer de uma reunião da equipe pelo *Hangout*, escutamos a conversa de um de nossos membros ao telefone com um colaborador, que reportava os acontecimentos da Praça Sete[34] naquele momento. Durante a ligação, o colaborador em questão interrompeu sua fala para se dirigir a outra pessoa, defendendo-se com frases como "eu não estou fazendo nada". A ligação caiu e não conseguimos mais contactá-lo. Ficamos pouco mais de uma hora em busca de informações, até que recebemos mensagens pelo Facebook relatando que havia uma pessoa desmaiada na Praça Sete. Pensamos na possibilidade de ser o nosso colaborador, o que nos deixou aflitos. Pouco tempo depois, ele conseguiu acessar o Facebook e nos informar que estava bem. Ele tinha sido assaltado, e perdemos o contato por que levaram seu celular. Em seguida, recebemos informações de que a pessoa que desmaiara foi socorrida e passava bem.

Havia também os **colaboradores externos**, que eram pessoas de fora da nossa rede de contatos que acompanhavam a página e nos enviavam fotos e informações por perceberem a importância da contribuição de todos para a cobertura realizada. Todo o conteúdo que recebíamos dos nossos leitores era analisado e, no caso de ser um informe inédito, enviado para a apuração, por não conhecermos a proveniência das informações. Após a recepção, compilação e apuração das informações, iniciava-se o processo

34 Um dos cartões-postais de BH, a praça está localizada na região central da cidade, e, por isso, foi bastante utilizada como ponto de encontro durante os protestos.

de produção do texto e escolha de imagem que acompanharia a publicação. A pessoa delegada a redigir o texto o encaminhava para o resto da equipe no bate-papo do Facebook e somente após o "ok" de parte considerável dos membros presentes, a informação podia ser postada na página. Todo o processo precisava ser feito o mais rapidamente possível, visto que a quantidade de pautas que surgiam durante as manifestações era muito grande e em ritmo acelerado. As imagens, em sua maioria, eram coletadas por meio das mensagens que nossos leitores nos encaminhavam ou eram feitas por nossos próprios correspondentes. Todo o conteúdo audiovisual que recebíamos era coletado e guardado em um acervo que montamos no Dropbox. Lá eram armazenados o material bruto que era recebido e as fotos já editadas com a nossa marca d'água – a aplicação do logo sobre a imagem – para serem publicadas. Ao divulgarmos as fotos, optávamos por creditá-las às pessoas que desejassem que sua autoria fosse reconhecida, mas também respeitávamos aqueles que decidiam manter o anonimato.

Após o término das manifestações do dia, nós nos reuníamos no *Hangout* para fazer um balanço diário das informações que havíamos publicado. Nestas reuniões, discutíamos também sobre o que havia acontecido no dia e apontávamos onde acreditávamos que havíamos errado ou acertado. Em resumo, fazíamos um apanhado geral para aumentarmos nossa percepção sobre o trabalho que estávamos realizando e o que deveríamos fazer para melhorar as coberturas dos próximos movimentos. As reuniões feitas por *Hangout* eram parte do nosso dia a dia e foram essenciais para mantermos a cobertura sob controle e evitarmos repetições de erros. Nossas reuniões eram longas e, geralmente, não tinham hora para terminar; algumas vezes se estendendo ao longo da madrugada.

Clara Novais

#Capítulo 3

COBERTURA EM TEMPO REAL

#BHNASRUAS

Uma das principais características do BH nas Ruas foi a instantaneidade da cobertura. Não podemos afirmar que se tratou de uma cobertura efetivamente em "tempo real", tendo em vista que as mediações, ainda que rápidas, sempre existem. Nesse sentido, a noção de "tempo real" se consolidava apenas como uma ideia a ser buscada. Porém, é de se destacar que, diferentemente dos veículos da mídia tradicional, a mediação por nós realizada não se encontrava sujeita aos muitos processos típicos do jornalismo praticado pelas empresas de comunicação, no qual estão presentes questões comerciais e hierarquias complexas, aprovações de diferentes setores e, principalmente, procedimentos padronizados e automatizados.

Contrário a isso, o BH nas Ruas trabalhou com **processos novos e ainda pouco utilizados**. No que diz respeito a questões comerciais, a página sempre atuou de forma independente, e todos os membros decidiram por recusar as ofertas que vinculariam a página a quaisquer empresas. Tanto essa decisão, quanto muitas outras que foram tomadas durante a administração da página, estiveram sob o poder de todos os membros – o que nos leva à questão da hierarquia. Apesar de vez ou outra os membros terem autonomia para realizar algo, como efetuar uma postagem ou ceder alguma informação a outros veículos de mídia, prevalecia a criação em conjunto, de modo mais horizontalizado. As resoluções que não agregavam as opiniões de todos os membros ocorriam especialmente por questões circunstanciais, como a ausência de algum deles no momento ou a necessidade de tomar uma decisão de forma imediata.

Quanto às **exigências de apuração**, elas existiam e eram bem elaboradas. Como mencionado nos capítulos anteriores, só postávamos na página informações que fossem confirmadas por fontes confiáveis e, apesar de haver a necessidade de aprovação do texto por uma parte considerável da equipe, não estávamos sujeitos à opinião de um editor. Para nós, a palavra de um membro do grupo que estava na rua sempre teve o maior peso na hora de decidir por divulgar, ou não, algo. A nosso ver, a rigidez desses procedimentos – aos quais, como apresentado, o BH nas Ruas não estava tão sujeito – é um dos muitos fatores que "freiam" a produção nos grandes veículos de comunicação. Sem eles, tivemos maior liberdade na produção, o que permitiu que a cobertura acontecesse de modo mais ágil. Nesse sentido, tivemos um cenário fértil para que todos os colaboradores se dedicassem a uma cobertura que chegasse o mais perto possível do que se pode chamar de "tempo real". Ainda assim, levando em consideração o engessado modelo de jornalismo, certa estrutura foi necessária, especialmente para garantir maior organização. Como apresentado nos capítulos 2 e 4, foi indispensável estabelecer algumas divisões na equipe, distribuindo funções – ainda que temporárias – entre os muitos participantes.

No primeiro momento, publicávamos quase todas as informações confiáveis – aquelas que vinham de fontes conhecidas – que chegavam a nós, indiscriminadamente. Com o crescimento da influência da página, no entanto, percebemos que estávamos com uma voz similar à da mídia tradicional – relatando todas as depredações ocorridas nas manifestações das quais tomávamos conhecimento, repercutindo assim a divisão entre "manifestantes pacíficos" e "vândalos", deslegitimando formas diferentes de protesto. Certa vez, após postarmos uma fala da Coronel Cláudia Romualdo, uma grande discussão se instalou entre os administradores, beirando uma crise. Deste modo, foram realizadas diversas reuniões presenciais e via *Hangout*, após as quais passamos a selecionar melhor o que era informado e a pensar cuidadosamente na forma e no contexto em que seria postado.

Postagem com citação da Coronel Cláudia Romualdo, que gerou intensa discussão entre os administradores.

Após longas discussões entre os membros da página, e também de aconselhamento com alguns professores do curso de Comunicação, chegamos à conclusão de que o caráter político da nossa cobertura era inevitável, devido à própria natureza dos eventos que estávamos narrando. Lançamo-nos então a uma análise da narrativa que estávamos construindo, retomando publicações anteriores, e concluímos que postagens como a citação da Coronel construíam uma imagem sobre a PM que destoava muito da vivência que tínhamos nas ruas, onde éramos constantemente confrontados com a truculência e a intolerância da corporação. Portanto, a partir desse momento, redobramos o cuidado com a narrativa que construíamos como um todo, para além da simples informação factual.

A partir de então, assim que chegava uma informação nova, ela era colocada em discussão no *chat* ou no *Hangout* e, só quando todos concordavam em postar, é que construíamos o texto, que, por sua vez, era também discutido e modificado diversas vezes. Passamos, assim, a optar por demorar um pouco mais para noticiar algo, ao invés de postar informações de maneira rápida e menos criteriosa. Desta maneira, acreditávamos estar mais próximos de uma cobertura honesta e crítica. Um grande exemplo desta preferência pela cautela ante a instantaneidade foi recompensada ocorreu quando, na manifestação do dia 17 de junho, diversos canais da mídia tradicional informaram a morte do jovem que havia caído do viaduto José de Alencar. Uma enorme exaltação e conflito de informações se instauraram pelas redes sociais, mas nós não publicamos nada além do fato de que a queda havia acontecido. Mais tarde, por volta das 00h30min do dia 18, um amigo do rapaz entrou em contato diretamente com o BH nas Ruas, informando que ele estava bem e solicitando a divulgação do fato, com o intuito de tranquilizar aqueles que se preocupavam com o estado do jovem.

Postagem informando estado do jovem que havia caído do viaduto José de Alencar, no dia 17 de junhode 2013.

Enquanto os que administravam as redes sociais filtravam o que seria publicado, os correspondentes e colaboradores, por outro lado, buscavam reportar o máximo possível do que presenciavam nas ruas. A localização da manifestação, por exemplo, era constantemente reportada, assim como a ocorrência de confrontos com a polícia e o lançamento de bombas de gás lacrimogênio, que eram informados assim que iniciados. Além disso, também eram enviadas informações referentes a depredações, pessoas apoiando o movimento de dentro de suas casas ou dentro dos carros, frases que eram gritadas em conjunto, manifestantes feridos, entre outros. Algum filtro era utilizado, mas, em geral, optávamos pela abundância de informações vindas dos membros presentes nos atos, confiando na equipe de casa para selecionar o que seria, ou não, postado.

Também procurávamos evitar causar pânico nos manifestantes que estavam na rua, bem como naqueles que acompanhavam os acontecimentos de casa, por meio da nossa página. Por isso optávamos, por exemplo, por não noticiar todas as informações que chegavam a nós sobre a movimentação da polícia (em especial sobre a tropa de choque), de armamentos, reforços policiais e bombas lançadas, uma vez que muito do que era dito se tratava apenas de especulações ou de procedimentos padrões da polícia, que não implicavam necessariamente um aumento da repressão ou violência policial.

Um fato marcante aconteceu no dia 25 de junho, em que fotos de tanques de guerra sendo transportados em caminhões circularam pelas redes sociais, afirmando que os mesmos seguiam para Belo Horizonte, a fim de deter as manifestações do dia 26. Decidimos não publicar nada sobre o assunto até encontrarmos mais informações. Por fim, confirmamos que a imagem havia sido registrada na rodovia Fernão Dias, e que os veículos seguiam em direção ao Sul de Minas.

Nos casos em que, após a apuração e confirmação, considerávamos determinada informação essencial para a segurança de quem estava nas ruas, decidíamos publicá-la, a fim de avisar os manifestantes sobre lugares onde não estariam seguros.

Outra grande preocupação era a de não informar a localização dos manifestantes para a polícia, em casos de confronto. Várias vezes recebemos mensagens no *Facebook* relatando rotas de fuga em ruas próximas a Avenida Antônio Carlos, acompanhadas de pedidos de divulgação das mesmas, mas desconfiávamos de que não só os manifestantes acompanhavam a nossa página. Assim, optávamos por apenas repassar essas informações para os nossos conhecidos e correspondentes nas ruas, com o intuito de que eles avisassem aqueles ao seu redor e levassem o maior número possível de pessoas para longe das zonas de conflito.

A apuração era intensa. Em geral, o grupo que ficava em casa não se afastava do computador e do celular, muitas vezes permanecendo também com a televisão e o rádio ligados.

As informações chegavam de várias maneiras, e tínhamos que ficar a postos para receber, apurar, mediar, construir o texto e postar num tempo razoável, para que não ficassem atrasadas.

O fato de estarmos no *Facebook* nos tranquilizava um pouco em relação a esse atraso. Nessa rede social, a instantaneidade é diferente, por exemplo, do *Twitter*, onde também publicamos informações. O *feed* de notícias[35] do *Facebook* não apresenta as publicações em ordem cronológica, sendo assim, independentemente do que já havíamos divulgado anteriormente e do momento da publicação, as postagens precisavam ser relevantes e completas. Era o caso de quando informávamos o estado de saúde de algum ferido na manifestação, como os rapazes que caíram do viaduto. A cada nova informação, contextualizávamos a situação, contando o que havia ocorrido anteriormente.

Já no *Twitter*, o *feed* segue uma ordem cronológica. Não obstante, a ansiedade decorrente da responsabilidade da página muitas vezes gerava um sentimento de urgência na liberação de informações, de modo que era comum desejarmos poder corrigir determinados textos quando os relíamos horas ou minutos depois. Apesar da vontade, optávamos por não realizar tais alterações, uma vez que as informações já estavam em circulação há algum tempo e, ainda que não fossem escritas da forma que mais nos agradava, não cabia corrigi-las.

O **material audiovisual** era fornecido, geralmente, por correspondentes, colaboradores ou pelos próprios leitores. O volume de fotografias

35 Página inicial, que mostra atualizações de amigos e páginas curtidas.

e vídeos era grande durante as manifestações; por esse motivo, optávamos por utilizar aqueles materiais que eram mais recentes e que conseguiam retratar o acontecimento reportado, dando credibilidade ao texto. Muitas vezes, recebíamos imagens e vídeos que registravam momentos delicados, como quando manifestantes caíram do viaduto José de Alencar, mas preferíamos não postar esse tipo de conteúdo, evitando um sensacionalismo e alarde entre quem nos acompanhava, além de nos preocuparmos também com a possibilidade de ferir a dignidade das pessoas registradas. Recebíamos, ainda, arquivos que não continham alta resolução, o que muitas vezes os tornavam inutilizáveis; porém, estes eram publicados quando traziam forte caráter testemunhal, como um vídeo em baixa resolução, mas que claramente mostrava policiais intimidando jovens após uma manifestação e impedindo-os de gravar a situação. Era comum recorrermos a outras coberturas em tempo real, tais como a PósTV e as câmeras de trânsito da BHTrans[36], a fim de complementar a nossa cobertura e proporcionar outras fontes àqueles que nos acompanhavam.

O perfil dos nossos leitores era diversificado e chegamos a ter 95 mil seguidores no Facebook. Alguns buscavam a página para se orientar dentro da manifestação, outros queriam apenas se informar sobre o assunto. Se ficássemos muito tempo sem atualizar – o que, no momento em que as manifestações ocorriam, podia ser apenas 10 minutos – recebíamos diversas mensagens pedindo informações e questionando nossa ausência. A velocidade na percepção dos fatos no jornalismo é essencial para não se perder dentro dos acontecimentos, mas a velocidade exacerbada reproduz conceitos e formas convencionadas e arraigadas que, muitas vezes, desfavorecem uma multiplicidade de pontos de vista. Aos poucos, fomos dosando a instantaneidade e a apuração, o tempo real e a crítica. Se alcançamos um patamar de equilíbrio ideal, não sabemos. Tampouco podemos afirmar se existe mesmo um modelo ideal nesse novo modo de coberturas jornalísticas, ainda em experimentação.

Nas ruas, assim como em casa, os processos eram variados. "Intensidade" foi uma palavra-chave para quem se dedicou a essas atividades.

36 Encontrados respectivamente nos endereços http://canalpostv.blogspot.com.br e http://infotrafego.pbh.gov.br/info_trafego_cameras.html.

Como explicado, os correspondentes da página se dividiam em diversos espaços, espalhando-se pela área dos acontecimentos. Devidamente posicionados, a sensação comum era de estar sempre em alerta, preparado para agir caso algo excepcional ocorresse. Nessa linha de fatos, destacam-se, por exemplo, possíveis ataques por parte da polícia, gritos entoados em coro por todos os manifestantes, pessoas feridas, prisões e conflitos – entre polícia e manifestantes ou até entre os próprios manifestantes.

E não era incomum a ocorrência dos fatos supracitados. Nesses casos, o correspondente tinha a responsabilidade de fazer o possível para conseguir informações precisas sobre a situação. De forma geral, a maneira mais eficiente de fazer isso era, sem dúvida, chegar o mais perto possível do fato – se inspirando no húngaro Robert Capa, um dos mais famosos fotógrafos de guerra, que dizia: "Se sua foto não está boa o suficiente, você não está perto o suficiente." – o que para nós se aplicava não só às fotografias, mas também às informações.

Por outro lado, existia a questão de garantir a segurança pessoal, o que gerava uma tensão constante na equipe. Ao mesmo tempo em que queríamos uma foto que pudesse passar às pessoas que estavam em casa uma imagem fidedigna do cenário das ruas, prezávamos pela nossa integridade física e pelos equipamentos que carregávamos, fossem celulares ou câmeras. Ter a companhia de outro correspondente ou colaborador adjunto nesses momentos fazia muita diferença, uma vez que encontrávamos uns nos outros a coragem e o incentivo para buscar uma cobertura que não se contentasse com a confortável distância adotada pela maioria dos veículos de comunicação.

#CAPÍTULO 4

COBERTURA COLABORATIVA

Clara Novais

Quando a página do BH nas Ruas foi criada no Facebook, éramos ainda um grupo disperso que tentava se organizar para trabalhar unido e sob pressão. Mesmo tendo a intenção de fazer uma cobertura colaborativa eficiente, não sabíamos que a página teria tamanha repercussão e que o trabalho de coleta de informações e publicação seria tão fundamental quanto ter informantes na rua. A equipe principal de administradores só se consolidou com o passar do tempo e recebeu o auxílio tanto de amigos e colegas de curso como de pessoas em geral que estavam envolvidas com as mobilizações populares[37].

A primeira dificuldade encontrada para realizarmos a cobertura foi na organização da coleta, apuração e postagem das notícias de maneira rápida e com o mínimo de erros possível. Tínhamos, já de início, a consciência de que seria necessário fazer um trabalho bastante cuidadoso para evitar o repasse de informações equivocadas e boatos, que surgiam com muita

37 Leia mais no capítulo 1.

facilidade no calor do momento. A seleção do que seria postado na página precisava ser uma etapa bem-estruturada, para garantirmos a qualidade da cobertura como um todo.

Logo no princípio, criamos um grupo no Facebook chamado "BH nas Ruas" para possibilitar a participação de qualquer pessoa que desejasse colaborar na construção do BH nas Ruas. A intenção era que todas as questões referentes à gestão da página fossem discutidas e acordadas ali. Esse grupo, porém, atingiu mais de 200 membros após a primeira manifestação que cobrimos – muitas pessoas, inclusive, eram adicionadas por amigos sem que tivessem interesse em participar –, tornando difícil acompanhar e filtrar o que poderia ser aproveitado para geração de conteúdo. Além disso, a superlotação do grupo tornou difícil a percepção de quem seria confiável para exercer a administração da página.

Com isso, decidimos que seria necessário criar outro grupo, dessa vez privado, no Facebook, com menos participantes, para nos organizarmos melhor. Nesse segundo grupo, chamado "BH nas Ruas - Cobertura", foram incluídos os responsáveis pela formulação do BH nas Ruas, bem como pessoas de confiança que estavam participando da administração das redes sociais já no primeiro dia de cobertura. Isso tudo foi discutido dentro do próprio grupo "BH nas Ruas", aberto para todos os mais de 200 participantes. Posteriormente, este grupo inicial acabou se tornando mais uma fonte de coleta de informações. Entretanto, assim como as outras, essas informações só eram publicadas após serem apuradas.

Com um número reduzido de administradores e devido à grande amplitude que as manifestações tomaram, colaboradores e correspondentes eram fundamentais para mantermos a instantaneidade e constância das postagens nas redes sociais. Inicialmente, a formação dessa rede de contatos se deu de maneira pouco planejada. Cada membro acionou amigos e conhecidos próximos que estavam presentes nos locais dos acontecimentos e, em pouco tempo, formamos uma lista de correspondentes paralela à equipe principal, com pessoas confiáveis que participavam ativamente das manifestações e estavam disponíveis para enviar informações e conteúdos audiovisuais relevantes. Após o momento inicial das manifestações, quando as coisas se acalmaram um pouco, grande parte dos participantes da página que ia para a rua foi se afastando e passando para o *status* de colaborador ou, até mesmo, deixando de participar da equipe. Neste momento, a ajuda dos colaboradores externos tornou-se essencial, pois, além da redução da equipe de administradores do BH nas Ruas, muitos dos membros se ocupavam com outras atividades, tais como estágio e a própria faculdade, o que comprometia nossa participação nos atos organizados e dificultava a manutenção regular da página.

Os níveis de confiabilidade que atribuíamos àqueles que nos enviavam informações variavam. Aos membros da equipe principal e aos conhecidos diretos, a confiança na informação transmitida era plena, pois sabíamos do seu comprometimento prévio com a página. Aos conhecidos de conhecidos, concedíamos um nível de confiança mediano, procurando sempre apurar as informações reportadas[38]. Neste livro, referimo-nos a essas pessoas como colaboradores adjuntos. Quanto aos colaboradores externos, todas as informações passadas eram cuidadosamente filtradas e analisadas, a fim de evitarmos afirmações falsas.

As mensagens *Inbox*[39] e o mural do Facebook também eram importantes canais de interação e troca de informações. Através das mensagens, recebíamos principalmente perguntas, imagens e vídeos produzidos pelos próprios manifestantes, além de informações como a localização das tropas da Polícia Militar, os locais de confronto, o percurso da passeata, dicas e sugestões, além de opiniões pessoais. Acreditamos que, devido à grande agitação do momento, muitas pessoas viam no BH nas Ruas um canal para enviar desabafos, palavras de ordem e perguntas retóricas a fim de demonstrar seu envolvimento e preocupação com as causas almejadas. Mesmo assim, fazíamos questão de responder cordialmente ao maior número de mensagens via *Inbox* possível, independente do assunto e conteúdo.

Quanto às postagens feitas pelos leitores no mural da página, o conteúdo consistia, em sua maioria, em opiniões políticas, críticas e elogios às manifestações, *links* para matérias, publicações e peças gráficas de

38 Já explorado no capítulo 2.

39 Sistema de troca de mensagens particulares pelo Facebook.

outras páginas. Em meio a tantas informações variadas, poucas eram inéditas ou cabiam dentro da nossa linha de publicação. O número reduzido de conteúdos relevantes nesse meio de interação era decorrente do fato de que a maioria dos leitores que reportava os acontecimentos da rua optava por enviá-los via *Inbox*. Acreditamos que isso acontecia por vários motivos, dentre eles a consciência e confiança dos leitores em relação ao nosso modo de seleção e apuração, a preservação da identidade ou, até mesmo, buscando maior atenção por se tratar de um fato novo e considerado relevante pelo leitor.

Sempre que possível, procurávamos creditar os materiais enviados, principalmente conteúdos audiovisuais. No entanto, algumas das informações que recebíamos eram acompanhadas de um pedido de anonimato por parte do contribuinte, que, por medo ou insegurança, não desejava ter seu nome divulgado. Por duas vezes nos foi solicitado que a informação pudesse ser enviada por telefone, de forma a não haver nenhum registro escrito do fornecimento da informação.

Como fomos o primeiro meio a centralizar as informações dos protestos em Belo Horizonte, a *hashtag* #BHnasRuas era utilizada em grande escala tanto no Twitter, quanto no Facebook, que havia acabado de ativar o uso de *hashtags* como *hiperlinks* indexáveis pelos mecanismos de busca. O uso da *hashtag*, como planejamos[40], se dava no intuito coletivo da população em contribuir para a centralização das informações, o que nos ajudou bastante na coleta de conteúdo e contribuiu para o crescimento expressivo da página nos primeiros dias de manifestação.

O e-mail[41] que criamos para a página era outra forma de contato, utilizado principalmente quando o assunto tratado era extenso ou complexo. Por esse canal, recebemos uma grande quantidade de fotos e vídeos, manifestos e *releases* de outros movimentos, notícias e convites para entrevistas por mídias tradicionais, tais como a TV Assembleia, Jornal da Pampulha, Rede Minas, Estado de Minas, entre outros.

---

40 Capítulo 1.

41 bhnasruas@gmail.com

Essas estratégias foram fundamentais para o funcionamento do BH nas Ruas, uma vez que nosso principal intuito ao criarmos a página era o de realizar uma cobertura colaborativa. Sendo assim, a participação de cada um dos nossos colaboradores, sejam eles externos ou adjuntos, foi de essencial importância para a construção e enriquecimento da cobertura.

#Capítulo 5

LINGUAGEM

Em um primeiro momento, nossa principal preocupação era que o BH nas Ruas cobrisse as manifestações de modo a divulgar as informações quase em tempo real[42]. Como havia uma grande pluralidade de perfis e grupos[43]. Assim, consideramos importante não nos associar a nenhum específico. Também buscávamos não expressar nenhum posicionamento em relação aos acontecimentos, pois nossa intenção era apenas de publicar os fatos ocorridos. Com isso em mente, optávamos por uma linguagem objetiva e evitávamos o uso de adjetivos.

No entanto, após o *boom* de curtidas e o crescimento exponencial do alcance da página, percebemos a necessidade de nos posicionar. As

---

42 Capítulo 2.

43 Em toda a mídia, foi destacada a diversidade de grupos políticos, ideológicos, culturais e até religiosos presentes nas ruas. Muitas pessoas, também, não tinham vínculos fortes a nenhum movimento, e ainda assim participaram dos protestos. Em uma pesquisa encomendada pela Rede Globo, foi apurado que 46% das pessoas presentes nunca haviam participado de uma manifestação de rua.

manifestações haviam começado a tomar um rumo de dispersão de ideais e os conflitos entre manifestantes começaram a ocorrer com uma frequência preocupante. Neste contexto de dispersão, combinado à credibilidade conquistada pelo BH nas Ruas, veio a responsabilidade de que fizéssemos mais do que apenas uma apuração precisa. Assim como qualquer veículo de grande alcance, nos tornamos formadores de opinião. Decidimos, então, ampliar o nosso conteúdo, passando a utilizar também peças gráficas e textos com posicionamento político sobre certas questões, como o apoio à presença de bandeiras de partidos nas manifestações[44].

Um exemplo linguístico em especial aguçou nossa percepção para a necessidade de nos atentarmos às palavras utilizadas. Na manifestação do dia 18 de junho, publicamos que "algumas pessoas" haviam sido responsáveis pela depredação de agências bancárias na Praça Sete. Ainda que não os tenhamos chamado de "vândalos", como a mídia tradicional, a linguagem que utilizamos induzia a uma segregação entre manifestantes legítimos e "outros manifestantes" - uma minoria. As opiniões dos leitores da página se dividiram em relação a essa publicação: parte deles não considerava aceitável a ação escolhida por aqueles manifestantes e outros repudiavam essa divisão, acreditando que todos deviam ser tratados e nomeados como manifestantes, independentemente da sua forma de expressão. Isso nos levou a refletir e, após nos reunirmos via *Hangout*[45], decidimos tomar cuidado para que não houvesse possibilidade de interpretação que segregasse e rotulasse os manifestantes.

Percebemos a importância do cuidado com a linguagem, de maneira a não corroborar com a segregação, rotulação e criminalização dos manifestantes.

44 Capítulo 6.

45 Capítulo 3.

BH nas Ruas
June 26

Pessoas que invadiram a concessionária Kia levaram um caminhão, que foi levado para o fogo na Av. Antônio Carlos.

#BHnasRuas

Tag Photo · Add Location · Edit

Like · Comment · Share · Edit

and 130 others like this. Top Comments

122 shares

Na minha opinão os vândalos estão sendo apoiados por algum partido. Infiltram nas manifestações para denegrir as manifestações. Algo muito poderoso tem por traz dos baderneiros!!
Like · Reply · June 27 at 7:10pm

Protesto pacífico é válido. Participei da manifestação no dia 22/06 até o momento em que a confusão começou. Fui embora pq não concordo e não vou fazer parte disso! Na manifestação de ontem o que percebi é que tem algumas pessoas, marginais, que já estão lá pra fazer merda!! Vândalos que tentam tomar proveito da situação! Isso só enfraquece o movimento.
No meu ponto de vista a polícia tem que reprimir mesmo esse tipo de conduta! Assaltar casa de pessoas?! Quebrar patrimônio particular e público! Bando de marginais! O lugar de vcs é na cadeia e não junto com a população de bem que briga por um país melhor!
Like · Reply · June 27 at 2:00pm via mobile

os donos dessas concessionarias deveriam contratar seguranças armados, se adentrarem a empresa devem atirar para matar!
Like · Reply · June 27 at 1:22pm

Vao destruir empresas que não tem nada com isso? Isto é democracia?
Like · Reply · June 26 at 11:23pm via mobile

Deviam pegar fogo junto ao caminhão!!!!
Like · Reply · 47 · June 26 at 7:13pm via mobile

Write a comment...

antes eram manifestantes,agora já são pessoas...
Like · Reply · June 26 at 7:15pm

Lamentável!
Like · Reply · June 26 at 7:14pm via mobile

Turma de bandido, devem ser identificados e retirados para não atrapalhar o movimento.
Like · Reply · June 26 at 7:14pm

Putz
Like · Reply · June 26 at 7:14pm

Like · Reply · June 26 at 7:14pm

Eles são o reflexo da falta de educação acumulada por anos, no país.
Like · Reply · June 26 at 8:50pm

como conseguiram levar um caminhao??
Like · Reply · 1 · June 26 at 7:52pm

De que adianta ter 5000 policiais em BH???? Estão mostrando que aqui pode tudo.
Like · Reply · 1 · June 26 at 7:50pm

Ta feio já
Like · Reply · June 26 at 7:18pm

Quando a polícia tem que descer o cacete, ela se afasta??? KD A POLÍCIA??? CADEIA NELES!!! #PMMG #policiamilitar
Like · Reply · 1 · June 26 at 7:17pm

Hum, seria legal se existisse polícia em Belo Horizonte né, aí poderiam prender quem faz isso, aaaaah esqueci estão muito ocupados jogando bomba e bala em manifestantes
Like · Reply · 1 · June 26 at 7:16pm

Pai amado!!!!
Like · Reply · June 26 at 7:13pm via mobile

Considero atitudes assim deprimentes, descaracterização do movimento.
Like · Reply · June 26 at 7:40pm

Sandra Souza parabéns aos anencéfalos que facilitou essa bagunça toda, subindo a antônio carlos...
Like · Reply · June 26 at 7:35pm

Write a comment...

A linguagem utilizada na postagem, ainda que sem intenção, segregava os manifestantes.

Uma vez redefinida a função que queríamos para a página e a linguagem usada na mesma, modificamos também nosso direcionamento para o público. Enquanto exercíamos apenas função informativa, não tínhamos um público definido; nosso principal objetivo era informar a todos que buscassem notícias sobre as manifestações. A partir dessa mudança de posicionamento, alteramos também nossa perspectiva de público. Tentamos mapear o perfil dos nossos leitores e os percebemos em dois grandes grupos: aqueles que já eram engajados politicamente nas manifestações e aqueles que vinham até a página com um conhecimento superficial, buscando se informar. Decidimos, portanto, que além de fornecer conteúdo informacional para ambos, nos interessava possibilitar maior envolvimento do segundo grupo nas questões políticas.

Mediante todo o aprendizado que adquirimos com o passar dos dias, percebemos o quanto cada palavra e expressão utilizadas faziam diferença. Com o intuito de incentivar os leitores a se tornarem manifestantes mais críticos e conscientes, decidimos fazer uma **série de peças**

com características publicitárias. A campanha[46], como foi chamada, era composta por dicas para que os manifestantes se organizassem melhor, como caminhar sem pressa e não passar dentro de túneis, e para que se tornassem mais tolerantes à presença dos partidos políticos – manifestantes que carregavam bandeiras de partidos chegaram a ser agredidos verbal e fisicamente por outros manifestantes. Tanto os temas das peças quanto a linguagem utilizada foram discutidos em reuniões presenciais, que ocorreram na Faculdade de Filosofia e Ciências Humanas da Universidade Federal de Minas Gerais, onde todos da equipe estudavam. Buscamos utilizar frases e imagens descontraídas, recursos comuns na publicidade, a fim de chamar a atenção dos leitores para essas mensagens. A campanha aconteceu nos dias 22 e 23 de junho e as peças foram lançadas em horários escolhidos de acordo com o histórico de picos de acesso à página.

No primeiro dia de cobertura, publicamos principalmente textos produzidos pelos administradores, além de fotos e vídeos de nossos correspondentes e colaboradores adjuntos – conteúdo exclusivo. Logo percebemos a necessidade de procurarmos algumas informações oficiais, como do Corpo de Bombeiros, da Polícia Militar e de hospitais – principalmente para fazer apuração sobre os manifestantes feridos em conflitos com a polícia –, além do Comitê Popular dos Atingidos pela Copa (COPAC) – escolhido em uma assembleia popular[47] ocorrida no dia 18 de junho como responsável pela comunicação do movimento – e assessorias de órgãos governamentais. Tivemos então que conciliar apuração própria e apropriação de conteúdo de outras páginas e portais, o que se intensificou com o início das Ocupações.

Apesar de estarmos presentes em alguns momentos da Ocupação da Câmara Municipal de Belo Horizonte, iniciada no dia 29 de junho, sempre nos mantivemos atentos às publicações da página oficial da Assembleia Popular Horizontal (APH), que foi criada com o intuito de informar as decisões tomadas nas sessões da assembleia e convocar reuniões para debater o rumo das manifestações e ocupações. A página da APH se tornou um canal oficial no qual buscávamos informações confiáveis para serem publicadas,

46 Capitulo 6.

47 A qual, posteriormente, daria origem à Assembleia Popular Horizontal (APH).

principalmente nos momentos em que a agenda de trabalho e faculdade não nos permitia realizar uma cobertura presencial dos eventos, discussões e decisões. Esse trabalho de apropriação era avaliado, assim como cada texto produzido por nossa própria equipe, tanto para garantir a pertinência do compartilhamento em questão, quanto para decidir o formato das publicações - se acrescentaríamos texto próprio com a informação resumida ou apenas compartilharíamos a publicação. Nossas publicações durante o período de ocupação da Câmara Municipal tiveram forte caráter de utilidade pública, concentrando-se na divulgação das datas e horários das sessões e discussões que ocorreriam e das doações necessárias para a manutenção da ocupação, como alimentos, produtos de higiene e limpeza etc.

Um dos principais fatores avaliado no momento de compartilhar conteúdo de outras fontes era a forma como soaria o nosso posicionamento. Como tentamos ponderar desde o início toda informação publicada e compartilhada – no sentido de excluir hipóteses de filiação a qualquer órgão ou entidade –, associávamos todo tipo de informação oficial à fonte original, de forma a afirmar que o BH nas Ruas não era o autor, mas apenas um replicador da informação. Os compartilhamentos foram especialmente importantes para a manutenção da atividade da página do BH nas Ruas nos momentos em que nossa equipe não conseguiu cobrir eventos e situações.

Clareza e apuração precisa foram características que buscamos conferir ao nosso conteúdo. Como nossa intenção era relatar acontecimentos relativos às manifestações e eventos políticos-culturais em Belo Horizonte, procurávamos não publicar assuntos que fugiam disso - éramos, muitas vezes, procurados para divulgar fotos de pessoas desaparecidas em outros contextos, por exemplo. Nossas exceções a esse formato foram em situações de conscientização, como a campanha, ou de auxílio, como no caso da divulgação das necessidades da ocupação.

Outra preocupação posterior de nossos membros quanto à elaboração do texto dizia respeito à tentativa de construir uma narrativa que fosse condizente, no maior grau possível, com a experiência dos presentes nas manifestações. Acreditávamos que a vivência do momento iria nos proporcionar um olhar ampliado e nos possibilitaria abordar de forma mais rica o que nossos colaboradores e correspondentes informavam. Sendo assim, propusemo-nos a que o maior número possível de membros fosse para as ruas ao menos uma vez, de modo que pudéssemos produzir textos com caráter testemunhal.

A plataforma em que nossa cobertura era divulgada foi fator determinante na escolha de nossa linguagem. As particularidades do Facebook influenciaram na tomada de decisões. Por exemplo: depois de publicado, o conteúdo ficava disponível na página do BH nas Ruas; mas, diferente dos usuais portais de notícia, nossos leitores não tinham o costume de acessá-la em busca das informações. A lógica do Facebook é diferente. Uma vez que nossos leitores curtiam o BH nas Ruas, estes esperavam que nosso conteúdo chegasse até eles através do *feed* de notícias, e as visitas em nossa página eram responsáveis por um número de impressões (visualizações de *post*) quase irrelevante, se comparado ao número de impressões obtido nos nossos alcances orgânico[48] e viral[49]. Dessa forma, mesmo quando ocorria a publicação duplicada de um *post*, nunca apagávamos um deles, apenas ocultávamos a publicação na linha do tempo de nossa página, de modo a evitar a leitura de informações repetidas; e, ao mesmo tempo, impedir que uma postagem já visualizada, curtida, comentada e compartilhada por um número considerável de leitores simplesmente desaparecesse de seus perfis.

Outra decisão importante que influenciou na forma com que nossas informações eram redigidas e publicadas foi também baseada em uma particularidade do Facebook. As publicações que continham apenas texto não permitiam edição posterior. Sendo assim, a medida tomada por aqueles responsáveis por publicar as notas na página era incluir, sempre que possível, uma imagem em cada postagem, permitindo, deste modo, a edição posterior do texto.

O uso de *hashtags*, liberado coincidentemente na semana de criação da página, foi extremamente importante e muito explorado no primeiro dia de cobertura. Com a página recente, o BH nas Ruas ainda não havia sido consolidado pelos nossos seguidores como veículo confiável de cobertura

48 Número de visualizações das publicações de uma página procedentes dos feeds de seus seguidores.

49 Número de visualizações das publicações de uma página originárias dos compartilhamentos dos seus seguidores.

colaborativa das manifestações em Belo Horizonte. Assim, para atrair mais pessoas à página e ajudar a centralizar as diversas informações, fotografias, vídeos e relatos testemunhais produzidos e replicados pela rede, incluíamos, em nosso texto, as *hashtags* utilizadas com maior frequência pelos usuários do Facebook ao compartilhar esse tipo de conteúdo. *Hashtags* como #vemprarua, #ogiganteacordou e #primaverabrasileira foram utilizadas nas postagens do primeiro dia de cobertura. Apesar de constituírem-se principalmente de palavras de ordem e saudações de apoio às manifestações, esse recurso foi explorado com a pretensão de incluir nossas postagens nos assuntos relacionados e obter uma chance significativamente maior de figurar entre as publicações afins. Uma vez que a página alcançou um número muito grande de seguidores, esse recurso mostrou-se desnecessário, e vimos não só acontecer a consolidação do nome BH nas Ruas como cobertura colaborativa e centralizador das informações sobre as manifestações de Belo Horizonte nas redes sociais, como também a ascensão da *hashtag* #bhnasruas, que, a partir de então, passou a estar presente em praticamente todas as nossas postagens.

#Capítulo 6

INTERAÇÃO COM O PÚBLICO

#BHNASRUAS

Desde o início do projeto, sempre nos preocupamos com as mensagens enviadas pelos leitores que acompanhavam nossas publicações, afinal de contas somos uma página de cobertura colaborativa. Procuramos nos manter atentos aos comentários deixados nas postagens, aos textos enviados para o mural da página, às mensagens pessoais e aos e-mails. As respostas e reações dos nossos leitores, assim como as críticas e opiniões diversas dos mesmos quanto ao que publicamos, foram de suma importância para o crescimento e o posicionamento da página.

Ainda no início das atividades do BH nas Ruas, percebemos que algumas postagens geravam espaços em que os leitores podiam debater suas posições e opiniões. A partir dos comentários, podíamos ver o que as pessoas achavam de cada situação e construir algumas estratégias de conscientização. A ferramenta que permite aos leitores responderem diretamente o comentário de outros ajudou bastante nesse sentido. Muitas opiniões, no entanto, eram divergentes, o que gerava extensas discussões e que, às vezes, eram esquecidas antes de serem concluídas.

A insatisfação com a postura da mídia tradicional acarretou em protestos que seguiram até a porta da Rede Globo Minas.

Na maior parte das postagens, não respondíamos comentários de leitores em nome da página, a menos que fosse para nos retificar quando houvesse algum erro – como datas – ou para esclarecer algum ponto essencial. Um exemplo do último caso diz respeito ao anúncio da morte dos rapazes que caíram do viaduto da Av. Abrahão Caram. Colocamos apenas as iniciais dos nomes no texto postado, em respeito à privacidade das famílias e esse fato gerou muita discussão e dúvida, de maneira que respondemos com o perfil da página, esclarecendo a utilização das siglas.

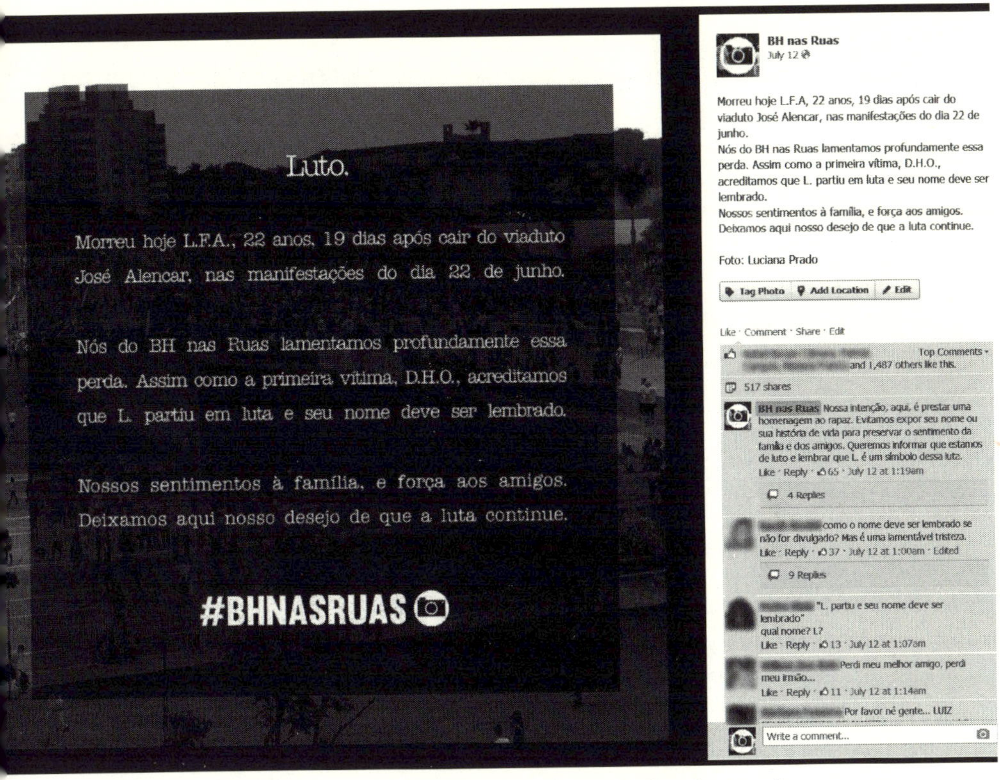

A escolha por utilizar sigla para anunciar a morte de Luiz Felipe de Almeida gerou diversos comentários, acusações e apontamentos por parte do público. Decidimos, portanto, esclarecer e justificar nossa decisão.

Outra exceção a esta política aconteceu numa postagem que mostrava a foto de um debate sobre as manifestações organizado por professores da UFMG, no qual participava uma travesti. Um dos comentários postados dizia: “Só eu reparei no traveco, logo em primeiro plano...”. Por ser explicitamente transfóbico, decidimos respondê-lo, como forma de demonstrar nosso repúdio a essa postura:

Post noticiando debate sobre as manifestações recebeu comentário transfóbico, que foi respondido pela equipe da página.

Também evitamos apagar comentários (salvo no caso de *spams*); inclusive tivemos o cuidado de exibir os comentários que considerávamos importantes, de crítica ou apoio, que eram automaticamente ocultados pelo Facebook.

Durante a primeira semana de protestos em Belo Horizonte, que se iniciou no dia 16 de junho, as manifestações aconteciam de forma bastante desarticulada, sem liderança ou grupo que direcionasse os atos. O que parecia ser um movimento difuso logo começou a contar com grupos de movimentos sociais e militantes políticos que já se organizavam em eventos anteriores. Após alguns dias de manifestação, tornou-se evidente uma polarização do grande público. A maioria das pessoas ali reunidas não era ligada a nenhum partido ou movimento social, tinha acabado de "acordar", juntamente com o "gigante", e hostilizava instituições políticas. A outra parte da multidão, constituída de militantes políticos e ativistas sociais, era vítima de agressões físicas e verbais, como coros de "sem partido" e até mesmo queima de bandeiras partidárias. Uma correspondente do BH nas Ruas relatou esse tipo de ação durante a cobertura realizada na manifestação de quinta-feira, dia 20 de junho, afirmando que os militantes presentes, de diversos partidos políticos, tiveram de se reunir e fazer um cordão de isolamento, para evitar que fossem agredidos.

Preocupados com a intolerância de algumas pessoas para com as bandeiras políticas, decidimos que era necessário agir. Uma das decisões tomadas então foi a elaboração de uma aba "quem somos", na qual deixávamos claro, entre outras coisas[50], nossa posição a favor da pluralidade partidária, que consideramos um fator necessário para manutenção da democracia. Percebemos que a maioria dos manifestantes – e, consequentemente, maioria de nossos leitores – rejeitava qualquer menção e envolvimento com organizações políticas, chegando ao ponto de não aceitarem caminhar ao lado de militantes. Por esse motivo, achávamos arriscado falar diretamente do perigo de se rejeitar instituições políticas e de defender a supressão dos partidos, já comprovado por situações históricas. Decidimos, então, não falar, de forma explícita, sobre os partidos, mas tentar conscientizar as

50 A aba contém um pequeno resumo do que somos e como funcionamos, esclarecimentos sobre o logo e o posicionamento e as formas mais utilizadas para entrar em contato conosco. Ver capítulo 1.

pessoas de que é necessário respeitar o outro, independentemente de seu posicionamento político, baseado no fato de que a democracia pressupõe, pois, justamente a pluralidade de ideias. A partir daí, foram criadas peças, como uma com os dizeres: "Você pode ter acordado com o gigante, mas respeite as ideias de quem está lutando há mais tempo. Intolerância nunca é a solução".[51]

Como a página surgiu com o intuito de cobrir as manifestações de forma imparcial, procurávamos evitar postagens muito polêmicas ou que demonstrassem opiniões nitidamente partidárias. Nossa atenção aos comentários deixados na página nos fez perceber como estávamos, por vezes, sendo mal interpretados, e sentíamos que nossa responsabilidade era muito grande para permitirmos tal desentendimento. Na tentativa de manter a imparcialidade, um conceito que já fora estudado por todos como inexistente, mas ainda assim desejado, chegamos a publicar textos que acarretaram uma imagem contrária à que desejávamos. Restava um receio quanto à questão de nos posicionarmos nas postagens, pois temíamos perder leitores e, consequentemente, o alcance, além do importante espaço de discussão que havíamos possibilitado. No dia 23 de junho, possuíamos cerca de 82 mil seguidores, com um alcance de 417.290 pessoas. Levando estes fatores em consideração, a equipe se reuniu, e decidimos ser menos imparciais, lançando as campanhas de conscientização, apresentadas no capítulo anterior.

A partir do momento em que começamos a nos posicionar, perdemos alguns leitores. No entanto, por mais que alguns deles tivessem um posicionamento ideológico diferente do da página, continuavam a nos seguir. Muitos comentários de aprovação foram enviados, e tivemos consciência de que grande parte daqueles que permaneceram compartilhavam, ou ao menos toleravam nosso ponto de vista, o que nos tranquilizou um pouco. Ainda que prosseguíssemos com a intenção de interagir com o público mais amplo e que não compartilhava do nosso posicionamento, tínhamos também a liberdade de escrever mais enfaticamente, mobilizando pessoas para contribuir com as ocupações e fazendo uma cobertura mais direcionada.

---

51 Ver também capítulo 5.

Havia muita desconfiança quanto a quem éramos. Os seguidores queriam que mostrássemos a cara. Nós cedemos em parte, dizendo que éramos alunos de Comunicação, pois achamos importante certa transparência, mas não nos sentíamos confiantes de declarar abertamente os nomes dos membros da equipe, procurando preservar nossa segurança e a cobertura. Chegamos a escrever um texto justificando o anonimato, mas achamos desnecessário publicar. Por fim, nunca nos pronunciamos quanto ao anonimato, e, com o passar do tempo, deixou de ser um problema para os seguidores.

No que diz respeito às mensagens recebidas por Inbox, buscávamos sempre responder, mesmo que não pudéssemos ajudar. Mostrávamos aos nossos seguidores que líamos o que eles nos enviavam, que apreciávamos a confiança que depositavam em nós e nos importávamos com as colaborações. Este era um fator crucial, pois é a colaboração que mantém a página ativa. Sendo assim, tínhamos a preocupação de responder a cada imagem, vídeo ou informação recebida, mesmo que não chegássemos a publicá-los. Era comum também recebermos mensagens que se caracterizavam mais como desabafos ou posicionamentos do emissário. Muitas pessoas sentiam a necessidade de expor sua opinião quanto ao que estava acontecendo na cidade e no país, e nós surgimos como um grupo que também estava envolvido nestes acontecimentos. Entendemos que, às vezes, algumas pessoas simplesmente precisam de espaço para demonstrar suas opiniões; como nem sempre compartilhamos destas, evitamos responder, para o bem ou para o mal. Jamais deixávamos de ler. Além da questão da consideração, era importante ler essas mensagens para conhecer o público que estávamos atingindo.

#Capítulo 7

DIÁLOGOS COM A MÍDIA TRADICIONAL

Como mencionado anteriormente[52], no primeiro dia de atividade da página, o BH nas Ruas se restringiu a publicar o que os correspondentes enviavam. A manifestação foi expressiva e ocorreram confrontos com a polícia, mas tínhamos uma grande equipe nas ruas, não sendo necessário recorrer a outras mídias para apurarmos fatos e informações. Com o passar do tempo, no entanto, a página ganhou mais leitores e visibilidade, e acabamos virando fonte de portais de notícias e emissoras de rádio. As instituições e canais que nos procuravam ainda não tinham mobilizado uma equipe maior para acompanhar as manifestações in loco ou acreditavam que a cobertura que realizavam não era suficiente – dada a velocidade vertiginosa com a qual as manifestações surgiram, cresceram e se proliferaram e o dinamismo que o acompanhamento delas exigia. O descontentamento do público com a cobertura da mídia

52 Capítulo 5.

tradicional era perceptível inclusive pelas pautas e reivindicações dos manifestantes, que, frequentemente, se voltavam contra os veículos de mídia.

Uma de nossas integrantes fazia estágio em um grande portal de notícias da mídia tradicional e, ao mesmo tempo, estava conectada à rede de informações do BH nas Ruas. As observações feitas por ela do duplo lugar ocupado possibilitaram um interessante paralelo. De um lado, os jornalistas tradicionais aguardavam posicionamentos das fontes oficiais, como a Polícia Militar, enquanto os nossos correspondentes fundamentavam seus depoimentos em suas próprias observações, experiências e apurações. O BH nas Ruas, apesar de utilizar fontes oficiais para buscar determinadas informações, tais como o número de manifestantes e feridos, não dependia destas. Nossa equipe se movia pela cidade, informando sobre as manifestações ao mesmo tempo em que as vivia. O jornalismo convencional, por outro lado, era produzido de dentro da redação, com apuração feita via telefone e internet. Outra diferença notável entre o funcionamento da página e dos veículos de mídia tradicional diz respeito à nossa dependência quanto aos nossos leitores. Conforme apontado nos capítulos anteriores, a colaboração e envio de informações por terceiros era essencial para a página, ao passo que esta interação com o público não costuma gerar conteúdo para as mídias tradicionais.

Em uma das noites de manifestação em BH, surgiu o boato de que alguns manifestantes estariam sendo agredidos pela Polícia Militar dentro do campus da UFMG, o que gerou um pânico generalizado, perceptível pelas redes sociais. Depois de mais de duas horas de boato, nada havia sido publicado sobre o assunto em lugar nenhum. Fomos os primeiros a apurar – com um de nossos correspondentes indo até a área em questão e certificando a ausência de movimento – e, finalmente, divulgar que não havia manifestantes no campus. Alguns minutos depois da nossa afirmação, grandes portais publicaram as mesmas informações. Não nos foi dado crédito, mas não acreditamos que os jornais tenham enviado carros de reportagem ao local; podemos supor, portanto, que os veículos se basearam na nossa apuração.

A partir desse acontecimento, pudemos perceber que muitas das informações que noticiávamos, só surgiam posteriormente nos portais de notícia, levando-nos a crer que eles estavam nos usando como fonte. A integrante citada anteriormente passou a ser escalada em seu estágio para ir às ruas cobrir as manifestações – antes eles não tinham jornalistas em campo para tratar do assunto –, e as informações passadas por ela, in loco ou na própria redação, alegando se tratar de apuração do BH nas Ruas, passaram a ganhar credibilidade e a serem consideradas nas publicações do veículo. Em uma das manifestações que ela cobria para o portal, a bateria do seu celular – meio por qual ela enviava informações para a redação – acabou. Assim, ela os informou pelo celular de um dos integrantes da nossa equipe que estava com correspondentes do BH nas Ruas, e instruiu a redação do jornal a retirar informações da página, o que foi feito.

Nós tivemos equipe *in loco* durante todas as grandes manifestações em Belo Horizonte. Com uma média de 15 minutos entre cada postagem, atualizávamos a página do BH nas Ruas a todo o momento com fotografias quase imediatas do que acontecia. Portais como R7, O Tempo, Hoje em Dia, Estado de Minas e o portal internacional *Global Voices* utilizaram nossas imagens creditadas para ilustrar suas notas e reportagens sobre o assunto. Algumas redações chegaram a pedir autorização para a reprodução das imagens, enquanto outras partiram diretamente para a publicação. Da mesma forma, alguns veículos utilizaram a versão das fotos como foram publicadas, trazendo a *logo* e a *hashtag* do BH nas Ruas como marca d'água, enquanto outras cortavam essa parte da imagem e nos creditava na descrição.

Depois do auge da mobilização em torno das manifestações, registrado na segunda quinzena de junho de 2013, outras pautas começaram a surgir. A cobertura que se mostrava necessária já não era a da movimentação viva das ruas, mas de novas construções que começavam a tomar forma, como as negociações com o legislativo e executivo municipal. Desta forma, a nossa apuração começou a se voltar mais para as fontes oficiais, principalmente assessorias, para ter acesso às informações sobre reuniões marcadas e decisões tomadas entre os manifestantes organizados e o poder público. Por meio das informações divulgadas por órgãos oficiais, pudemos acompanhar e continuar divulgando consequências das manifestações, como a redução no preço da passagem de ônibus em Belo Horizonte (a partir de uma redução tributária prevista pelo Governo Federal). Ainda neste período, em julho de 2013, o jornal O Tempo divulgou uma investigação realizada pela própria equipe, segundo a qual uma única família estaria à frente de três das empresas de ônibus que disputaram a licitação que escolheu os consórcios que operam o transporte público em Belo Horizonte. Achamos a informação pertinente e chegamos à conclusão de que devíamos divulgá-la, de modo que elaboramos e publicamos um texto sintetizando a investigação e creditando ao jornal responsável pela mesma.

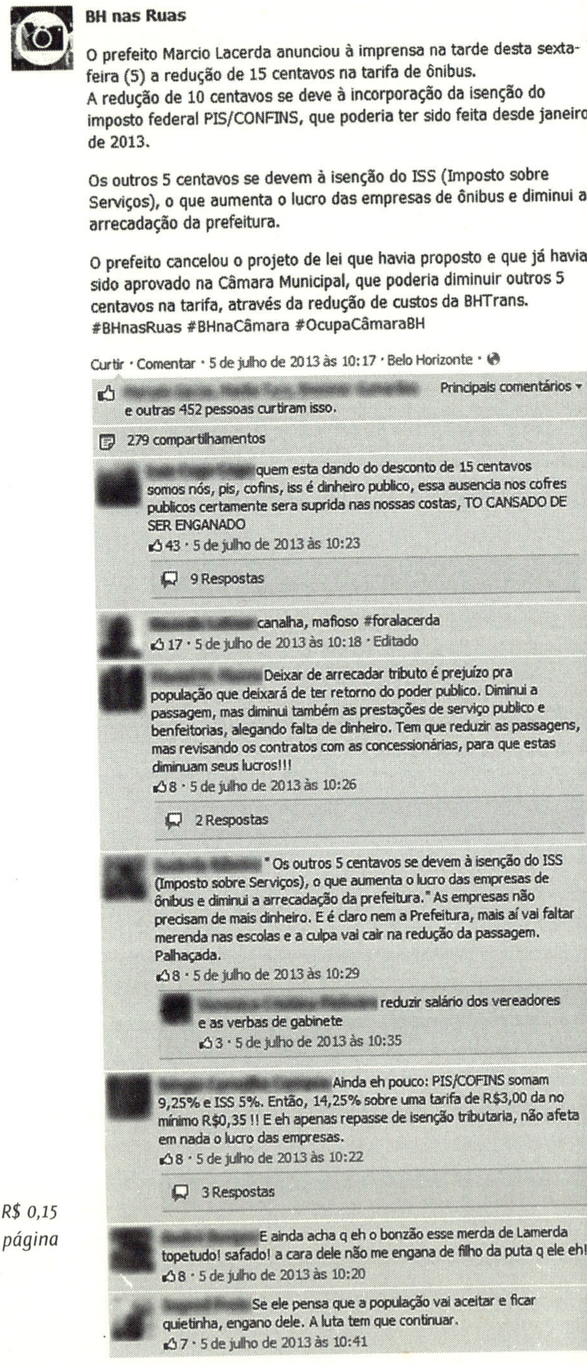

BH nas Ruas

O prefeito Marcio Lacerda anunciou à imprensa na tarde desta sexta-feira (5) a redução de 15 centavos na tarifa de ônibus.
A redução de 10 centavos se deve à incorporação da isenção do imposto federal PIS/CONFINS, que poderia ter sido feita desde janeiro de 2013.

Os outros 5 centavos se devem à isenção do ISS (Imposto sobre Serviços), o que aumenta o lucro das empresas de ônibus e diminui a arrecadação da prefeitura.

O prefeito cancelou o projeto de lei que havia proposto e que já havia sido aprovado na Câmara Municipal, que poderia diminuir outros 5 centavos na tarifa, através da redução de custos da BHTrans.
#BHnasRuas #BHnaCâmara #OcupaCâmaraBH

Curtir · Comentar · 5 de julho de 2013 às 10:17 · Belo Horizonte ·

Principais comentários

e outras 452 pessoas curtiram isso.

279 compartilhamentos

quem esta dando do desconto de 15 centavos somos nós, pis, cofins, iss é dinheiro publico, essa ausencia nos cofres publicos certamente sera suprida nas nossas costas, TO CANSADO DE SER ENGANADO
43 · 5 de julho de 2013 às 10:23
9 Respostas

canalha, mafioso #foralacerda
17 · 5 de julho de 2013 às 10:18 · Editado

Deixar de arrecadar tributo é prejuízo pra população que deixará de ter retorno do poder publico. Diminui a passagem, mas diminui também as prestações de serviço publico e benfeitorias, alegando falta de dinheiro. Tem que reduzir as passagens, mas revisando os contratos com as concessionárias, para que estas diminuam seus lucros!!!
8 · 5 de julho de 2013 às 10:26
2 Respostas

"Os outros 5 centavos se devem à isenção do ISS (Imposto sobre Serviços), o que aumenta o lucro das empresas de ônibus e diminui a arrecadação da prefeitura." As empresas não precisam de mais dinheiro. E é claro nem a Prefeitura, mais aí vai faltar merenda nas escolas e a culpa vai cair na redução da passagem. Palhaçada.
8 · 5 de julho de 2013 às 10:29

reduzir salário dos vereadores e as verbas de gabinete
3 · 5 de julho de 2013 às 10:35

Ainda eh pouco: PIS/COFINS somam 9,25% e ISS 5%. Então, 14,25% sobre uma tarifa de R$3,00 da no mínimo R$0,35 !! E eh apenas repasse de isenção tributaria, não afeta em nada o lucro das empresas.
8 · 5 de julho de 2013 às 10:22
3 Respostas

E ainda acha q eh o bonzão esse merda de Lamerda topetudo! safado! a cara dele não me engana de filho da puta q ele eh!
8 · 5 de julho de 2013 às 10:20

Se ele pensa que a população vai aceitar e ficar quietinha, engano dele. A luta tem que continuar.
7 · 5 de julho de 2013 às 10:41

Comentários sobre a redução de R$ 0,15 nas tarifas de ônibus feitos na página oficial BH nas Ruas, no Facebook.

Além dos portais de notícias e órgãos oficiais, algumas organizações populares também serviram como fonte de informação em dados momentos. No início do mês de junho, várias assembleias ocorreram, e a Câmara Municipal de BH foi ocupada por algumas semanas. Além dos nossos correspondentes que tentavam acompanhar os acontecimentos *in loco*, utilizamos principalmente a página no Facebook da Assembleia Popular Horizontal, que montou uma comissão de comunicação para centralizar as principais informações a respeito do que estava acontecendo, além de atualizar constantemente sobre as necessidades da ocupação, datas e horários das assembleias, reuniões e atividades culturais. Nos dias mais atribulados, tentávamos manter sempre algum de nossos correspondentes próximo ao GT de Comunicação, que mantinha um ponto de referência durante a Ocupação do mês de julho. Neste período, também buscávamos informações junto a órgãos oficiais, tais como a sala de imprensa da Prefeitura.

No dia 7 de setembro, foi organizada uma manifestação na Praça Sete, a qual seguiria em direção à Assembleia Legislativa de Minas Gerais. Esta manifestação fazia parte da "Operação Sete de Setembro", a qual organizou protestos em 149 cidades de todo o país. No dia, funcionários do jornal O Tempo divulgaram em redes sociais a presença de dois policiais militares no prédio da redação. Após recebermos esta informação, entramos em contato com a Superintendência de Imprensa do Estado de Minas Gerais, que alegou não estar ciente da ação e, após apuração, informou que possivelmente a Comunicação da Polícia Militar teria entrado em contato com a imprensa para agilizar a troca de informações sobre as manifestações. Tentamos também, sem sucesso, contactar o responsável pela Comunicação da PM, para confirmar os fatos. Estas informações foram divulgadas em uma publicação na nossa página. Somente horas depois, na noite de 7 de setembro, o chefe da sala de imprensa da Polícia Militar se pronunciou, afirmando que a visita de policiais à redação de jornais e TVs é comum em dias de manifestação. Ele contou ainda que, como a demanda da imprensa por informações da polícia era muito grande, desde junho a organização utilizava policiais dentro das redações para fornecer dados. Assim, novo texto foi elaborado e postado, atualizando o ocorrido com o pronunciamento do Major.

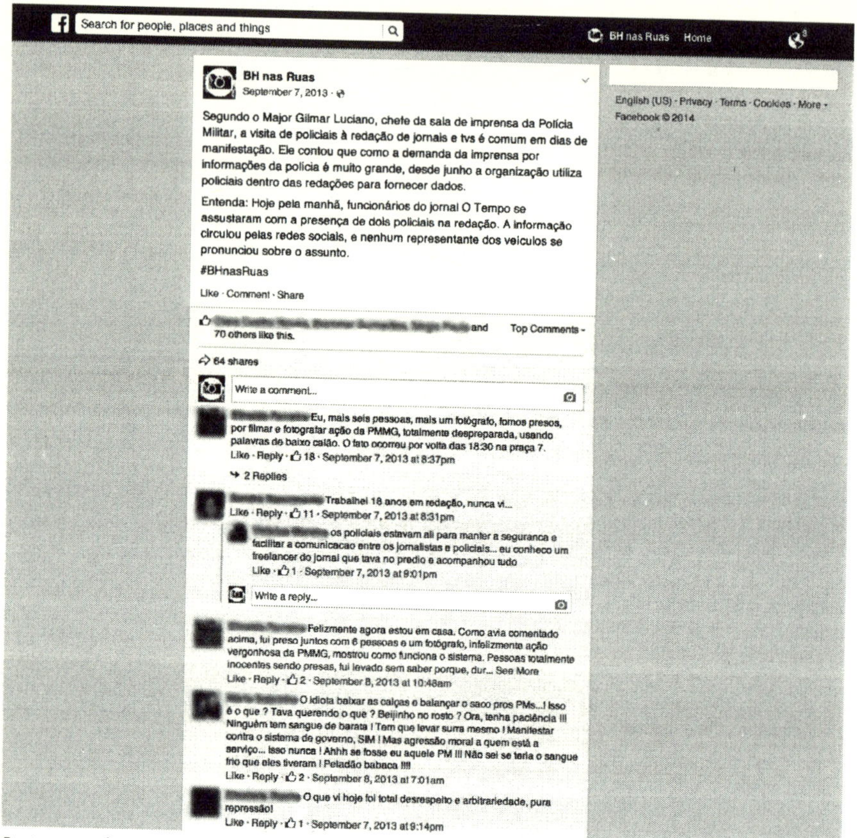

Postagem sobre o pronunciamento do Major da Polícia Militar, a respeito da presença de policiais na redação do jornal O Tempo.

O BH nas Ruas também foi personagem de algumas matérias na mídia tradicional, principalmente no auge das jornadas de junho. O Estado de Minas, o maior jornal impresso de Minas Gerais, publicou uma matéria sobre o BH nas Ruas e a No Movimento, outra página mineira surgida no contexto das manifestações, porém com um enfoque mais voltado para o apoio aos manifestantes. Houve também matérias jornalísticas nas quais professores da UFMG que conheciam e acompanhavam o nosso trabalho, ao serem entrevistados sobre o contexto das manifestações, citavam o BH nas Ruas como um ator central na rede de mobilização e informação construída durante as jornadas. Além dos casos em que fomos citados em reportagens e notícias, alguns jornais entraram em contato direto com a equipe do BH Nas Ruas, a fim de agendar entrevistas com os integrantes e elaborar matérias que tinham a página como pauta. Um exemplo é o portal *online* da revista Encontro, que elaborou uma matéria intitulada "#BH nas ruas e no Facebook", na qual foi divulgada uma entrevista com um dos integrantes da equipe de administradores da página.

Por outro lado, na falta de um contato direto com a equipe, alguns portais publicaram informações equivocadas sobre a página, suas intenções e atividades. Um caso marcante diz respeito à matéria "Votação pública decidirá se passeata seguirá até o Mineirão no dia do jogo do Brasil", publicada pelo portal *online* do jornal Estado de Minas. A notícia, publicada no dia 25 de junho de 2013, véspera do jogo mencionado, afirmava que "Com mais de 83 mil apoiadores no Facebook, a página "BH nas Ruas" sugeriu uma votação sobre para onde deveria seguir a manifestação no dia do jogo". Tal enquete nunca existiu, e nós nos apressamos em esclarecer o fato, através de um esclarecimento publicado na própria página, com um *link* de redirecionamento para a matéria em questão.

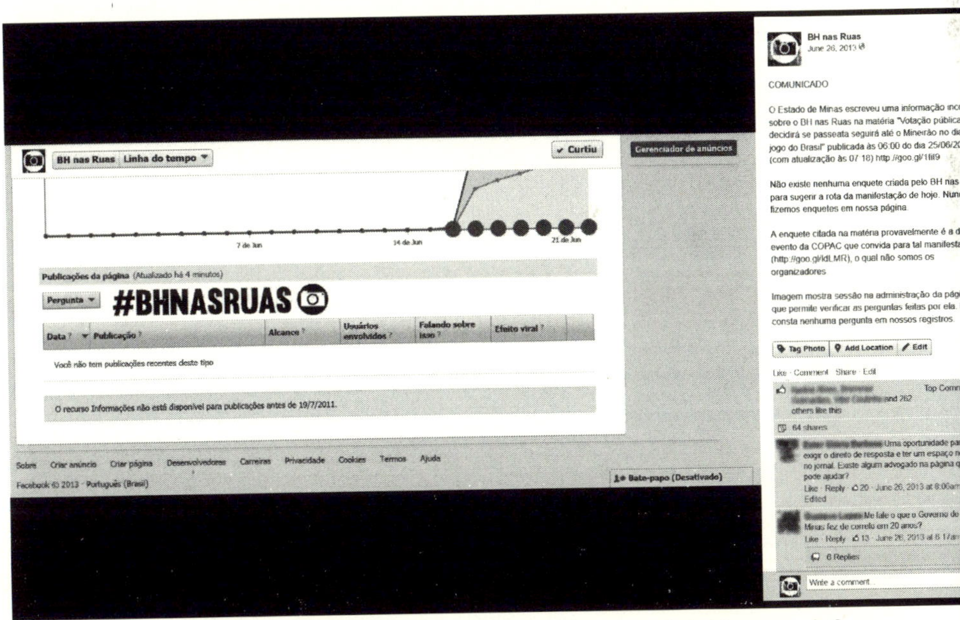

Esclarecimento da página sobre a notícia equivocada divulgada pelo jornal Estado de Minas, a qual afirmava que o BH Nas Ruas havia criado uma enquete sobre o destino da manifestação do dia 25/06/2013.

#POSFÁCIO

Lições de jornalismo no outono brasileiro – uma reflexão sobre o #BHNASRUAS

Geane Alzamora

1. A tessitura das ruas-redes

Era junho de 2013. As manifestações sociais, que tiveram início na Avenida Paulista, em São Paulo, inicialmente convocadas pelo Movimento Passe Livre contra o aumento das passagens de ônibus na cidade, espalhavam-se pelo país sem liderança central e motivadas pelas mais variadas pautas. Ruas e mídias sociais constituíram uma espécie de território híbrido (WEISSBERG, 2004), no qual se embaralhavam as cidades do país em multiplicidades de registros captados pelos manifestantes e postos em circulação nas mídias sociais, além, é claro, dos relatos jornalísticos que circularam na imprensa. Fragmentos de registros feitos por manifestantes e de relatos jornalísticos se hibridizaram nas conexões de mídias digitais, constituindo uma espécie de memória midiatizada das *Jornadas de Junho* que dá a ver os constantes atravessamentos entre os pontos de vista da imprensa e dos manifestantes[53].

Das ruas às mídias, das mídias às ruas, sendo uma a contraface da outra, os protestos eram mediados por todos e por ninguém. Eventos do Facebook agenciavam coletivamente as manifestações nas ruas, que retornavam ao Facebook na forma de registros dos manifestantes e da imprensa, assim como *hashtags* do Twitter organizavam a conversação social em torno dos protestos e, ao mesmo tempo, davam o tom dos cartazes carregados

---

53 Uma busca por *Jornadas de Junho* no Google, em 10/mar/2014, registrava 1.140.000 resultados. Sites de revistas, portais, blogs e sites de relacionamento apareciam na primeira página do Google, revelando a convergência entre registros de imprensa e de cidadãos na configuração da memória midiatizada das *Jornadas de Junho*. https://www.google.com.br/?gfe_rd=ctrl&ei=1LMdU9XPMOrd8ge42YDACg&gws_rd=cr#q=jornadas+de+junho. Acesso: 10/ mar/2014.

individualmente nas ruas pelos manifestantes. Expandia-se, assim, a durabilidade dos eventos para além de sua ocorrência nas ruas. Entre uma manifestação e outra, a movimentação social[54] continuava nos interstícios das conexões intermídia.

Em Belo Horizonte, assim como em várias cidades do país, o cotidiano foi alterado pelos protestos. O burburinho *urbano-midiático* não deixava dúvidas sobre o trajeto, os dias e os horários dos eventos nas ruas. Previamente cancelavam-se compromissos com base no que circulava na mídia, aumentando o impacto das manifestações no cotidiano da cidade. Para saber o que estava planejado e o que acontecia nas ruas durante as manifestações, todos – inclusive a imprensa – se voltavam para as mídias sociais.

Inúmeras vezes a imprensa tradicional recorreu às imagens feitas pelos manifestantes, que eram postas em circulação nas mídias sociais assim que captadas, para comporem seus relatos jornalísticos. Havia sempre um registro feito por manifestante que circulava densamente nas mídias sociais, em especial porque expunha certo olhar que havia passado despercebido nos relatos jornalísticos[55]. E quanto mais esses registros revelavam o que era invisível na mídia tradicional, mais se expandiam nas conexões de mídias sociais por meio de compartilhamentos feitos pelos cidadãos. Por conta disso, eram também, muitas vezes, postos em circulação nas mídias

---

54 Optamos por abordar a questão pelo viés da *movimentação* social, em vez de utilizar, por exemplo, a perspectiva dos movimentos sociais em rede (CASTELLS, 2012) ou ciberativismo (TASCÓN; QUINTANA, 2012), os quais restringem a abordagem a noções políticas consolidadas. Leva-se em conta, na escolha da terminologia, a vagueza da definição proposta pelo dicionário *online*, segundo a qual movimentação é o ato de se movimentar, significando mudança pela qual um corpo está sucessivamente presente em diferentes pontos do espaço, sendo o sentido figurado relacionado a [sic] agitação política. Disponível em: http://www.dicio.com.br/movimentacao/. Acesso: 10/mar/2014.

55 É o caso do vídeo postado no YouTube por Willian SG (Facebook), em 18/jun/2013, com a seguinte descrição: "Polícia ataca manifestação, coagido pelo avanço agressivo da policia um manifestante cai de cima do viaduto. Manifestantes pedem ajuda para retirar o ferido que estava tendo convução [sic] e expelindo sangue pela boca, porem [sic] a polícia rejeita ajudar e joga bomba lacrimogêneo [sic] ao redor das pessoas que estava [sic] fazendo o primeiro socorros. Ferido teve que ser retirado de qualquer maneira [sic] pois o gaz [sic] iria sufocá-lo, isto sendo que estava visivelmente com o braço quebrado e que com certeza costelas quebradas e órgão perfurado, o rapaz estava expelindo muito sangue pela boca". https://www.youtube.com/watch?v=9BaA15oLRBs - Acesso: 14mar.2014.

tradicionais, numa dinâmica de apropriação recíproca que remete àquilo que Jenkins (2008) chama de cultura da convergência[56].

Foi nesse contexto, ao mesmo tempo instável e heterogêneo, que surgiu, em Belo Horizonte, um coletivo em conexões de mídias sociais, como Facebook, Twitter, YouTube e Tumblr, que se autodenominava #BHNASRUAS. A proposta, tal como informada por eles mesmos, era realizar a cobertura colaborativa das manifestações na cidade. Em *Sobre Nós*, eles esclareciam que se tratava do interesse de estudantes de Comunicação em fazer uma "cobertura completa e ágil das manifestações com base na colaboração dos leitores". A seriedade da proposta era afirmada em bases jornalísticas tradicionais: "Toda informação que recebemos é cuidadosamente averiguada antes de ser publicada"[57]. Essa frase dava conta não apenas do viés jornalístico da empreitada, como também da armadilha que tinham criado para si mesmos: como realizar uma cobertura colaborativa, em tempo real, averiguando toda informação antes de publicá-la? A imprensa tradicional tinha para si o mesmo desafio, já que não dispensa colaborações e tem a agilidade como um de seus princípios. Entretanto, a produção colaborativa capitaneada pelos estudantes de comunicação sob a denominação #BHNASRUAS muitas vezes se destacou na cobertura dos protestos na capital mineira. Assim como a imprensa tradicional, que recorrentemente mencionava informações divulgadas pelo #BHNASRUAS[58], a população belo-horizontina o elegeu como uma de suas principais referências para se informar sobre as manifestações na cidade. Mas, por quê?

---

56 É o caso de vídeo postado no YouTube que mostra queda de manifestante em viaduto de Belo Horizonte, que foi replicado pelo UOL. Disponível em: http://mais.uol.com.br/view/1575mnadmj5c/video-mostra-queda-de-manifestante-de-viaduto-em-bh--04020C993962DCA94326?types=A&. Acesso: 08/mar/2014.

57 https://www.facebook.com/BHnasRuas/app_190322544333196. Acesso: 08/mar/2014.

58 O Portal R7, por exemplo, mencionou várias vezes informações divulgadas por #BHNASRUAS em suas coberturas dos protestos na capital mineira. É o caso de matéria sobre agenda de protestos na cidade, com base no que foi divulgado por #BHNASRUAS. http://noticias.r7.com/minas-gerais/bh-ja-conta-com-agenda-de-novos-protestos-apos-dia-de-caos-18062013. Acesso: 10/mar/2014.

2. A crise da representação

Para compreender o lugar de destaque de #BHNASRUAS na trama informacional que permeou as *Jornadas de Junho*, sugerimos partir de um panorama mais amplo da questão, relacionado à chamada *crise da representação*. Esse tema, que foi muito caro aos teóricos da pós-modernidade; diz respeito, entre outros aspectos, aos limites sígnicos da representação (FOUCAULT, 1995).

Fundada na concepção diádica do signo[59], a crítica de Foucault endereça-se ao princípio da arbitrariedade do signo linguístico (NÖTH; SANTAELLA, 1997), segundo o qual o signo não mantém necessariamente uma relação de semelhança com seu objeto. "A relação do signo com seu conteúdo não é assegurada na ordem das próprias coisas" (FOUCAULT, 1995, p. 79). Entretanto, se observada pelo prisma da semiótica peirceana, baseada em concepção triádica do signo[60], a representação é tanto uma função sígnica referencial, já que se refere ao objeto, quanto o processo de transformação sígnica, ou semiose, que remete à constante mediação do signo rumo ao interpretante. Na semiótica peirceana, o signo representa, sob certos aspectos, seu objeto para uma mente interpretadora, que o toma, parcialmente, como o objeto representado.

Não haveria, nessa concepção semiótica, uma crise da representação. Pelo contrário, quanto mais o signo se expande na cadeia semiótica, mais representações ele gera[61]. A operação semiótica de representação associa

59 Essa concepção, que permeou o estruturalismo do século 20 a partir dos trabalhos do linguista Ferdinand de Saussure (1857-1913), baseia-se na convicção de que o signo linguístico, composto por significante (imagem mental) e significado (conceito), é mental e social. A língua, nessa corrente, é tomada como parâmetro para se compreender qualquer sistema sígnico.

60 Na perspectiva semiótica de Charles Sanders Peirce (1839-1914), o signo é composto por três componentes, não sendo redutível a qualquer dualidade: o objeto, que o determina; o interpretante, que o representa; e o signo, ou veículo do signo, também chamado representâmen. As operações semióticas de determinação e de representação compõem a mediação sígnica, ou semiose, que é a ação pragmática de constante transformação de uma tríade sígnica em outra.

61 "Crise da representação ou crescimento da complexidade?" foi o tema de uma das mesas do V Congresso Brasileiro de Semiótica, realizado na Faculdade de Belas Artes da Universidade de São Paulo, entre 19 e 22 de setembro de 2011. Participaram da mesa José Benjamin Picado (UFBA), Ivo Ibri (PUC-SP), José Luiz Fiorin (USP). Disponível em: http://revistas.pucsp.br/index.php/galaxia/article/viewFile/1267/770. Acesso: 10/ mar/2014.

novos signos à semiose, constituindo uma espécie de teia sígnica em constante crescimento e aprimoramento. É por esse prisma que gostaríamos de construir nosso argumento em favor das lições de jornalismo que recebemos de #BHNASRUAS durante as *Jornadas de Junho*.

O jornalismo opera por semelhança com o real[62]. Por conta disso, o relato jornalístico pretende ser uma espécie de rastro do real, conforme apregoa o ideal da objetividade que delineia o projeto de representação jornalística[63]. Ancora-se, portanto, menos na operação semiótica representação, tal como compreendida na abordagem peirceana, que na operação semiótica de determinação[64]. A queixa dos pós-modernos, sistematizada na chamada crise da representação, expõe a fragilidade da representação jornalística no âmbito de uma crise mais ampla, a crise da modernidade. Trata-se, assim, da crise de um "mundo no qual a representação das coisas no laboratório encontra-se para sempre dissociada da representação dos cidadãos através do contrato social" (LATOUR, 2005, p.33). Sendo o jornalismo "um filho legítimo da modernidade" (MARCONDES FILHO, 2002)[65], sua capacidade de representar o real é questionada.

Quando os manifestantes expulsavam a imprensa das ruas[66], endossavam essa crítica. Do mesmo modo, quando queimavam bandeiras de

62 Uma das primeiras teorias do jornalismo, a chamada Teoria do Espelho, pressupunha que a realidade determinava a notícia, sendo esta um produto centrado no referente, mero reflexo da realidade. A corrente construcionista, mais contemporânea, rejeita essa ideia porque, nessa visão, as notícias ajudam a construir a própria realidade. Sobre o assunto ver TRAQUINA (2005).

63 Pereira Júnior (2004) compreende a representação jornalística com base nas noções de ancoragem e objetivação, provenientes da perspectiva de representação social derivada da Psicologia Social. "Como lembra Moscovici (1978), a representação social surge onde há perigo para a identidade coletiva, quando a comunicação de conhecimentos submerge as regras que a sociedade outorgou" (PEREIRA JÚNIOR, 2004, p. 9).

64 As duas operações são complementares, conformando a mediação sígnica, embora seja possível observar predomínio de uma ou de outra nas relações sígnicas. Sobre o assunto ver ALZAMORA (2007).

65 Como afirma Latour (2005, p.8) "a leitura diária do jornal é a reza do homem moderno".

66 Ver, por exemplo, vídeo postado no YouTube sob a denominação "Record é *persona non grata* na Av. Afonso Pena". Disponível em: https://www.youtube.com/watch?v=UG6BlYbj8CY. Acesso:10/mar/2014.

partidos políticos[67], o que ardia era a capacidade representativa da política. Havia claramente uma insatisfação generalizada no ar, um gesto de recusa a toda e qualquer instância representativa, seja ela proveniente da imprensa, dos partidos políticos ou mesmo dos movimentos sociais, que permearam, em maior ou menor grau, os protestos brasileiros de junho de 2013. A manifestação era descentralizada, dispersa em *ruas-redes* que se expandiam *intermidiaticamente* norteadas por uma espécie de ideal de horizontalidade e de auto-organização.

Foi justamente esse ideal, não a objetividade clássica do jornalismo, que legitimou a atitude informacional de #BHNASRUAS. Tratava-se de um coletivo disperso em conexões de mídias sociais. Ninguém falava em nome do coletivo. Ninguém o representava. Todos colaboravam. Equipe e manifestantes compunham uma variada e, às vezes, dissonante voz. A polifonia das ruas encontrava ressonância na pluralidade de olhares que permearam os registros coletivos de #BHNASRUAS. Interessava o que interpelava o olhar do manifestante, na perspectiva dele, conforme sua experiência na rua. Quem falava em nome do manifestante era ele mesmo. À equipe de #BHNASRUAS, que também relatava os protestos na cidade, competia organizar o percurso semântico das contribuições, em uma metáfora mais apropriada à do bibliotecário, *gatewhatching*, que do porteiro, *gatekeeping* (BRUNS, 2005). O convite à participação se delineava, assim, como diretriz editorial.

Fundada na associação de informações em dinâmica de rede, tal como propõe a abordagem peirceana da representação, a linha editorial de #BHNASRUAS questionava o posicionamento jornalístico, que é também político, da TV Globo. A frase "A revolução será filmada por você", relacionada ao logotipo de #BHNASRUAS, remete, criticamente, à da maior emissora do país.

Em relação ao logotipo, a equipe informa[68]: "O fato de remeter à Globo é uma crítica ao posicionamento da emissora e de todas as outras cujas co-

67 Em vídeo postado no YouTube manifestantes acusam políticos de corrupção na Praça Sete, centro da capital mineira. Disponível em: https://www.youtube.com/watch?v=g3HpQZy0j4U. Acesso: 10/mar/2014.

68 https://www.facebook.com/BHnasRuas/app_190322544333196. Acesso: 10//mar/2014.

berturas refletem diversos interesses econômicos, políticos e burocráticos". Observa-se aí nítido desconforto em relação à noção de imprensa como quarto poder, fundada na convicção de que os jornalistas atuam "como porta-vozes da opinião pública, dando expressão às diferentes vozes na sociedade" (TRAQUINA, 2005, p.48). Na frase seguinte, a equipe de #BHNASRUAS convoca os manifestantes a se filiarem, como midiativistas, à cobertura que propõem: "A tela do logotipo é substituída por uma câmara: você não vai assistir à manifestação pela televisão, você vai filmá-la e fotografá-la".

A perspectiva editorial de #BHNASRUAS distancia-se da ideia de imprensa como quarto poder para aproximar-se da noção de política defendida por LATOUR (2008) em sua discussão acerca da crise da representação. Para Latour a chamada crise da representação não resulta "da repentina perda de qualidade dos políticos ou dos sábios" (p. 17), mas da incompreensão acerca da política na contemporaneidade, que seria mais afeita aos enunciados dispersos de agregados sociais circunstanciais. Segundo ele, a multidão será sempre infielmente representada quando se busca transformar o grupo em agregado de elementos fixos – atitude bastante comum nos relatos jornalísticos acerca dos protestos brasileiros em junho de 2013[69]. Latour considera que abrigar a distorção, a multiplicidade e a incoerência pode ser um posicionamento político mais adequado à perspectiva de representação que ele advoga. "Substituindo a representação distorcida pela representação fiel (...), poderemos muito bem matar a política de vez, ou em todo caso, esfriá-la até o ponto que ela morra por entorpecimento, sem mesmo se aperceber disso" (LATOUR, 2008, p. 39).

3. Nem profissional, nem amador: #BHNASRUAS

Em vez de se filiar ao projeto moderno de representação jornalística, #BHNASRUAS filia-se à instabilidade política da associação em rede, que assinala a particularidade da operação semiótica de representação na

69 Ver, por exemplo, vídeo postado no YouTube sob a denominação "A Globo mente, a gente desmente!!!#FORAREDEGLOBO", no qual se denuncia enquadramentos jornalísticos favoráveis à ação da polícia contra os manifestantes, chamados pela reportagem de "baderneiros". Disponível em https://www.youtube.com/watch?v=FexrkqemDL0. Acesso: 11/mar/2014.

abordagem peirceana. Traz, assim, no bojo de seu projeto editorial, gestado no calor dos acontecimentos que constituíram as *Jornadas de Junho*, uma importante lição de jornalismo.

Essa lição não vem na forma de um manual, nem mesmo de uma convicção. Talvez a novidade tenha sido mais intuída que sistematizada. E isso a torna ainda mais relevante, já que diz respeito a certo *feeling* só possível a quem é parte das transformações sociais na contemporaneidade. A jovem equipe de #BHNASRUAS desponta da cultura da convergência (JENKINS, 2008), não da cultura de massa (MORIN, 1972) que fundamenta a representação jornalística na imprensa tradicional. Exatamente por isso eles conseguiram revisar práticas jornalísticas sem necessariamente romper com o jornalismo. Isso é, efetivamente, o que sustenta a operação semiótica de representação. A associação sígnica não rompe com a determinação oriunda do objeto, mas parte dela para fazer transformação.

#BHNASRUAS não rompeu com práticas canônicas do jornalismo, como averiguar a veracidade das informações antes de publicá-las. Mas isso não os impediu de fazer uma importante transformação ao apostar na multiplicidade de olhares, fundada na associação reticular de contribuições em tempo real. O que muda são os ideais que norteiam a concepção editorial, não os valores-notícia. Esse é o diferencial da proposta. É jornalismo. E não é.

Geane Alzamora *é professora do Programa de Pós-Graduação em Comunicação (PPGCOM) da Universidade Federal de Minas Gerais.*

REFERÊNCIAS BIBLIOGRÁFICAS

1. ALBUQUERQUE, Carolina A. *Ei, Polícia, a Praia é uma delícia*: rastros de sentido nas conexões da Praia da Estação. 2013. Dissertação (Mestrado em Comunicação Social) - Faculdade de Filosofia e Ciências Humanas, Universidade Federal de Minas Gerais, Belo Horizonte, 2013.
2. ALZAMORA, Geane. *Da semiose midiática à semiose hipermidiática: jornalismos emergentes*. MELO, José Marques; PAIVA, Raquel (orgs). *Ícones da sociedade midiática - da aldeia de McLuhan ao planeta de Bill Gates*. Rio de Janeiro: Mauad X, 2007.
3. BRUNS, Axels. *Gatewatching: collaborative online news production*. New York: Peter Lang, 2005.
4. CASTELLS, Manuel. *Redes de indignação e esperança: movimentos sociais na era da internet*. Rio de Janeiro: Zahar, 2013.
5. D'ANDRÉA, Carlos F. B. Editando a violência: os vídeos "amadores" de quatro webTVs jornalísticas sobre as Jornadas de Junho. *Liinc em Revista*, n. 10, v. 1, p. 285-300, 2014.
6. HELENE, Diana. *A Marcha das Vadias: o corpo da mulher e a cidade*. Redobra, n. 11, p. 68-79, 2013.
7. JENKINS, Henry. *Cultura da convergência*. Trad.: Susana Alexandria. São Paulo: Editora Aleph, 2008.
8. JESUS, Jaqueline G. Psicologia social e movimentos sociais: uma revisão contextualizada. *Psicologia e Saber Social*, n. 1, v. 2, p. 163-186, 2012.
9. LATOUR, Bruno. *Jamais fomos modernos*. São Paulo: Editora 34, 1994.
10. _____. *E se falássemos um pouco de política?* Politix, n. 58, 2002, Hermes Science Publications, Paris, França. Tradução: Marcos Antônio Mattedi e Tamara Benakouche.
11. MACHADO, Frederico V. *Muito além do arco-íris: a constituição de identidades coletivas entre a sociedade civil e o estado*. 2007. Dissertação (Mestrado em Psicologia) - Faculdade de Filosofia e Ciências Humanas, Universidade Federal de Minas Gerais, Belo Horizonte, 2007.
12. MARCONDES FILHO, Ciro. *Comunicação e jornalismo - a saga dos cães perdidos*. São Paulo: Hacker Editor, 2002.
13. MELUCCI, Alberto. *Um objetivo para os movimentos sociais?* Revista Lua Nova, n. 38, p. 49-66, 1989.
14. MORIN, Edgar. *Cultura e Comunicação de Massa*. Rio de Janeiro: Fundação Getúlio Vargas, 1972.

15. PEREIRA JÚNIOR, Vizeu. *Jornalismo e representações sociais: algumas considerações.* E-Compós, 2004. Disponível em: http://www.compos.org.br/seer/index.php/e-compos/article/viewFile/18/19. Acesso: 10/mar/2014.

16. TASCÓN, Mario; QUINTANA, Yolanda. *Ciberactivismo – las nuevas revoluciones de las multitudes conectadas.* Madrid: Catarata, 2012.

17. TRAQUINA, Nelson. *Teorias do Jornalismo, vol. I. Por que as notícias são como são.* Florianópolis: Insular, 2005.

18. WEISSBERG, Jean-Louis. Paradoxos da teleinformática. In: PARENTE, André (org.). *Tramas da rede.* Porto Alegre: Sulina, 2004.

19. ZILLER, Joana. Contrastes entre as imagens do Jornal Nacional e as independentes. *Liinc em Revista*, n. 10, v. 1, p. 301-316, 2014.

Créditos: Luiza Alfenas

#BHNASRUAS
NÃO

Créditos: LFC

Matheus Ventura

Hárley Machado

#BHNASRUAS
Giuliano Lima

#BHNASRUAS
Filipe Leal

#BHNASRUAS
Adelia Oliveira

Bruna Martins

Isabella Alves

Camila Carneiro

Clara Novais

Isabella Lucas

Juliana de Castro

#BHNA

RUAS

Isabella Alves

Luciana Prado Silva

Bremmer Guimarães

Gabriel Zaidan

Bruna Martins

#ACampanha

#BHNASRUAS
TENHA SEMPRE POR ONDE
FUGIR
PARTICIPAR DE UMA MANIFESTAÇÃO NÃO É
BRINCADEIRA
#BHNASRUAS
#BHNASRUAS
RESPEITE A LIBERDADE DE
EXPRESSÃO
#BHNASRUAS
CALMA
MANIFESTAÇÃO NÃO É MARATONA.

CADA UM
TEM SUA
HORA
#BHNASRUAS

#BHNASRUAS

A revolução será filmada por você.

Editora
LETRAMENTO